드림

아들러가 전하는
행복을 위한 **77가지** 교훈

《ADLER SHUGYOKU NO OSHIE
JIBUN NO JINSEI WO SAIKO NI IKIRU 77 NO HINTO》
© Seiji Nagae 2016
All rights reserved.
Original Japanese edition published by KODANSHA LTD.
Korean publishing rights arranged with KODANSHA LTD.
through EntersKorea Co., Ltd.

이 책의 한국어판 저작권은
㈜엔터스코리아를 통해 저작권자와 독점 계약한 경향미디어에 있습니다.
저작권법에 의하여 한국 내에서 보호를 받는 저작물이므로 무단전재와 무단복제를 금합니다.

7가지 키워드로 읽는 행복과 긍정의 심리학

아들러가 전하는 행복을 위한 77가지 교훈

나가에 세이지 지음 | 한진아 옮김

경향BP

프롤로그

모든 고민은
인간관계에서 비롯한다

 정신의학자이자 심리학자인 알프레드 아들러의 교훈은 왜 현대를 살아가는 많은 사람에게 지지를 받고 있을까? 이것은 왜 우리 마음을 울리고, 합리적 사고를 계발하며 살아갈 힘을 줄까?

 이 책은 아들러 교훈의 핵심이 되는 일곱 가지의 키워드와 관련한 아들러의 말을 인용하면서, 이와 같은 의문에 답하는 것을 목적으로 한다.

 아들러의 교훈은 사람과 사람, 사람과 사회와의 관계를 중시하며, 사람의 사회성, 바꿔 말하면 대인 관계 능력을 특히 중요하게 여긴다. 사람은 혼자서 살아갈 수 없고, 다른 사람과의 관계 속에서 살아간다. 아들러는 이를 "사람은 사회적이기 때문에 대인 관계 속에 두어야 사람이 된다."라고 표현했다. 또한 "인간의 고민은 모두 인간관계에서 비롯한다."라고도 했다.

　이는 사람의 성장에서 사회적인 관계가 중요하다는 것과 대인 관계 능력이 사람으로 성장하는 데 커다란 영향을 미친다는 것을 나타내는 말이다. 인간의 마음과 성장을 '사회'와의 관계 속에서 찾는 것이 아들러 교훈의 핵심이다.

　현대 사회는 사람과의 연결이 희박하여 신뢰 관계를 맺기 어렵다. 이는 인간의 사회력이 저하되고 있음을 의미한다.

　사회력이란 심리학적으로 말하자면 '사람이 사람과 관계를 맺을 수 있는 힘'을 의미하며, 대인 관계 능력이 이에 해당한다. 요즘 사람들은 다른 사람의 마음을 잘 읽지 못하고 다른 사람이 무슨 생각을 하는지, 혹은 어떻게 해주길 바라고 있는지 잘 알지 못한다. 즉 사람과 공감하고 신뢰하는 관계를 제대로 만들어가지 못하는 '사회력 저하'가 현대인이 가진 커다란 문제다.

　신뢰가 없는 인간관계는 불안정하고 약하다. 신뢰는 모든 인간관계의 기반이기 때문이다. 사람과의 관계가 약해지고 신뢰가 깨지면, 이것만으로도 생활 감각을 가지고 살아가기가 어려워진다. 이렇게 되면 사물을 생각하는 힘, 판단하는 힘, 그리고 자신을 통제하고 사람에게 공감하는 힘을 기르지 못한다.

　아들러의 교훈은 사람이 사람 속에서 살아갈 때 겪는 다양한 힘든 일을 마주했을 때, 어떤 생각을 하고 생활하면 좋은지, 어떻게 삶의 중요 과제에 몰두하면 좋은지 그리고 어떤 지원이 필요한지에 대해 단순하면서도 구체적으로 알려준다. 아들러의 교훈을 지침으로 삼아 그 과제에 몰두하면 스스로 생각하고 생활하는 방법, 그리고 몰두할 과제를 결정하는 일이 가능해진다.

이 책에서는 '열등감', '목적론', '자기 결정성', '공동체 감각', '라이프스타일', '인생 과제', 그리고 '용기 부여'라는 일곱 가지 키워드를 꼽아 이것과 관련된 아들러 교훈 77가지를 알기 쉽게 해설해간다.

'인생의 행복'은 아들러 심리학에서 열쇠가 되는 개념이다. 아들러는 '자신이 노력해서 익힌 능력을 사회 속에서 발휘하여 그것이 사람이나 사회를 위한 것임을 느낄 때 인생의 행복을 얻을 수 있다.'고 생각했다.

즉 인간의 행복은 다른 사람을 행복하게 하는 것에 있기에, 이를 위해서 노력하고 능력을 길러 자신과 타인을 위해 발휘하는 것이 중요하다. 타인이란 많은 세상 사람이라고 해도 좋고, 특정한 사람이어도 좋다. 자신의 능력을 발휘하여 다른 사람을 위해 사용하면 이것이 자신의 행복으로 돌아온다. '남에게 베풀면 반드시 나에게 돌아온다.'라는 말처럼, 다른 사람의 행복이 자신의 행복으로 돌아온다. 이 구조가 아들러의 행복 원리에도 작용하고 있다.

이런 목적을 위해서 다음의 세 부분에 특히 유의해서 아들러의 교훈을 전달하려고 한다.

  ① 아들러의 교훈을 인용하여 '이 키워드에 관해서 아들러는 이렇게 생각했다.'라고 아들러의 생각을 풀어 소개한다.

  ② 아들러의 교훈에 관해서 '이것은 이런 의미다.'라고 아들러 본인의 '말'로 알기 쉽게 설명한다. 아들러 저술의 원본에서 직접 인용하면, 의미하는 바를 이해하기 어려울 때가 있다. 그래서 의미하는 바를 그의 말을 인용해서 설명한다.

  ③ 아들러의 교훈은 자신이 안고 있는 마음의 문제를 밝히고, 이것을 어떻게 대처하면 좋을지에 대해 알려준다. 아들러의 교훈이 자기 계발과 자기 변화에 어떤 효력을 가졌는지 구체적으로 밝힌다.

  대부분은 아들러 본인의 말로 소개하지만, 아들러의 교훈에 영향을 받은 사람의 생각을 대신하기도 한다. 또한 현대 심리학의 연구 사례와 유명인의 말을 삽입한 부분도 있다.

  이 책은 여러분이 아들러의 교훈을 이해하고 '어떻게 하면 자신의 인생을 최고로 살아가는 것이 가능할까?' 하고 자기 스스로 해답을 찾는 것에 최종 목표가 있다.

차례

프롤로그 … 4

들어가기 전에

아들러 심리학은 인간관계론이다 … 14
관계 속에서 행복한 인생을 만들자 … 20

제1장
완벽하지 않아도 괜찮다
―열등감

아들러의 교훈 1 열등감은 다분히 주관적이다 … 26
아들러의 교훈 2 열등감은 병이 아니다 … 29
아들러의 교훈 3 인간은 나약하게 타고났다 … 31
아들러의 교훈 4 열등감이 인류의 문화를 만들었다 … 33
아들러의 교훈 5 열등감은 '목표'를 발견하게 한다 … 35
아들러의 교훈 6 열등감을 바르게 이끌어야 성장한다 … 38

아들러의 교훈 7 목표를 너무 높이 설정하지 마라 … 41

아들러의 교훈 8 열등 콤플렉스와 우월 콤플렉스를 알라 … 43

아들러의 교훈 9 기술을 연마하거나 시야를 넓혀라 … 46

아들러의 교훈 10 자신을 받아들이는 사람만이 강해진다 … 48

아들러의 교훈 11 과거에 일어난 일을 분석하지 마라 … 51

아들러의 교훈 12 불완전한 자신을 인정하는 것부터 하라 … 54

제2장

자신도 모르는 자기 인생의 목적이 있다
-목적성

아들러의 교훈 13 목표가 정해지면 행동은 저절로 일어난다 … 58

아들러의 교훈 14 모든 행동에는 숨은 목적이 있다 … 60

아들러의 교훈 15 사람은 원인보다 목적에 따라 행동한다 … 62

아들러의 교훈 16 작은 목적부터 제대로 달성해나가라 … 64

아들러의 교훈 17 목표를 바로잡으면 인생이 달라진다 … 67

아들러의 교훈 18 자신도 눈치채지 못한 삶의 목적이 있다 … 69

아들러의 교훈 19 감정에 휘둘리지 말고 감정을 이용하라 … 71

아들러의 교훈 20 목적 때문에 감정이 만들어진다 … 73

제3장

내 인생을 결정하는 건 나 자신이다
-자기 결정성

아들러의 교훈 21 내 문제를 해결하는 최적의 인물은 '나'다 … 78
아들러의 교훈 22 행복은 마음 상태로 결정된다 … 81
아들러의 교훈 23 인생을 난처하게 만든 것은 나 자신이다 … 84
아들러의 교훈 24 성공도 실패도 나에게 원인이 있다 … 86
아들러의 교훈 25 인생을 복잡하게 생각하지 마라 … 89
아들러의 교훈 26 억지로 내린 판단도 내 책임이다 … 92
아들러의 교훈 27 미래의 결정권도 나에게 있다 … 95
아들러의 교훈 28 타인의 마음은 조작할 수 없다 … 97

제4장

타인을 위해 무언가 해야 한다
-공동체 감각

아들러의 교훈 29 주위를 좋게 만드는 판단이 있다 … 102
아들러의 교훈 30 타인을 위하는 사람은 자신을 좋아한다 … 104
아들러의 교훈 31 인생의 의미는 '공헌'에 있다 … 106
아들러의 교훈 32 공동체 감각은 생각만으로 길러지지 않는다 … 108
아들러의 교훈 33 타인을 위하는 감각을 익혀야 한다 … 111

아들러의 교훈 34 공동체 감각을 얻으면 행복한 마음이 된다 … 113

아들러의 교훈 35 신뢰감이 공동체 감각의 바탕이 된다 … 116

아들러의 교훈 36 인간은 필요한 존재가 되고 싶어 한다 … 119

아들러의 교훈 37 진정한 공헌감은 스스로 느끼는 것이다 … 122

아들러의 교훈 38 자기중심적이면 소속감을 느낄 수 없다 … 124

아들러의 교훈 39 관계가 끊어진 인생이 가장 나쁘다 … 126

아들러의 교훈 40 더 큰 집단의 이익을 생각하라 … 129

아들러의 교훈 41 기쁨과 불안을 '공유'하라 … 132

제5장
라이프스타일로 인생을 바꿀 수 있다
-라이프스타일

아들러의 교훈 42 모든 사람은 자기만의 법칙대로 산다 … 136

아들러의 교훈 43 자기 신념이 '라이프스타일'을 만든다 … 139

아들러의 교훈 44 라이프스타일로 사람의 마음을 알 수 있다 … 141

아들러의 교훈 45 라이프스타일로 사람의 행동을 예측할 수 있다 … 144

아들러의 교훈 46 라이프스타일을 바꾸면 감정이 달라진다 … 146

아들러의 교훈 47 감정은 스스로 선택하는 것이다 … 148

아들러의 교훈 48 부모 닮아서 성격이 삐뚤어지는 건 아니다 … 151

아들러의 교훈 49 가족의 분위기가 인생의 기준을 만든다 … 154

아들러의 교훈 50 인생 최초의 기억 속에 미래의 힌트가 숨어 있다 … 157

제6장
인생에서의 진짜 문제는 '인간관계'다
-인생 과제

아들러의 교훈 51 일, 교우, 사랑은 인생의 최대 과제다 … 162
아들러의 교훈 52 인생 과제에는 공동체 감각이 필요하다 … 166
아들러의 교훈 53 일이 없으면 공포와 불안이 생긴다 … 169
아들러의 교훈 54 실업은 인간에게 가장 무거운 짐이다 … 172
아들러의 교훈 55 교우 관계가 서툴면 일도 서툴다 … 175
아들러의 교훈 56 자신만이 특별한 존재는 아니다 … 177
아들러의 교훈 57 사랑 과제는 인생에서 가장 힘들다 … 179
아들러의 교훈 58 올바른 파트너는 이렇게 고를 수 있다 … 181
아들러의 교훈 59 응석으로 자란 아이는 위험한 어른이 된다 … 185
아들러의 교훈 60 무시당하고 자란 아이는 신뢰하기 힘든 어른이 된다 … 188
아들러의 교훈 61 함께 생활하고 일하는 것에 행복이 있다 … 190

제7장
칭찬보다 용기를 주는 사람이 되어라
-용기 부여

아들러의 교훈 62 타인에게 기쁨과 감사를 전하라 … 194
아들러의 교훈 63 인생 과제는 혼자서 못 푼다 … 196

아들러의 교훈 64 칭찬은 상대보다 위에 있다는 전제에서 나온다 … 198

아들러의 교훈 65 칭찬보다 용기 부여가 더 중요하다 … 200

아들러의 교훈 66 용기 부여는 대등한 사이일 때 나온다 … 202

아들러의 교훈 67 스스로 용기를 주는 사람이 되어야 한다 … 204

아들러의 교훈 68 명령하는 어조로 말하지 마라 … 209

아들러의 교훈 69 당신(You)이 아닌 나(I)의 메시지로 말하라 … 212

아들러의 교훈 70 다리나 팔을 꼰 채 이야기를 듣지 마라 … 215

아들러의 교훈 71 비교적 쉬운 행동부터 시작하라 … 217

제8장
행복은 먼저 주어야 받을 수 있다

아들러의 교훈 72 행복은 주었던 것이 되돌아올 때 생긴다 … 222

아들러의 교훈 73 자기 것만 생각하면 행복해질 수 없다 … 224

아들러의 교훈 74 타인을 기쁘게 하는 것이 행복이다 … 226

아들러의 교훈 75 인간관계 능력이 인생의 행복을 결정한다 … 228

아들러의 교훈 76 타인의 인생 과제에 끼어들지 마라 … 230

아들러의 교훈 77 있는 그대로의 자신을 용기 있게 인정하라 … 234

에필로그 … 237

들어가기 전에

아들러 심리학은
인간관계론이다

    알프레드 아들러는 어떤 사람이었을까? 그 가르침의 원점 혹은 배경을 이해하기 위해서 그의 내력과 사람됨을 알아보자.

    아들러는 1870년에 오스트리아의 빈 교외에 있는 루돌프스하임에서 유대인계 부모 사이에서 일곱 명의 형제 중 둘째로 태어났다.

    아버지는 중산계급의 상인이었으며 어머니는 전업주부였다. 어린 시절에 아들러는 구루병과 성대 수축으로 의한 호흡곤란 발작에 시달리는 허약하고 섬세한 아이였으며, 네 살 때 동생의 죽음을 계기로 일찍부터 의사가 되리라고 결심했다고 한다. 어머니는 병약했던 아들러의 응석을 받아주면서 키웠지만, 아버지는 달랐다. 아버지의 자립적인 생각이나 태도는 아들러의 인생에 평생 영향을 미쳤다.

아들러는 자신의 유년기를 다음과 같이 말했다.

"기억나는 한 나는 언제나 친구나 동료들에게 둘러싸여 있었다. 대체로 친구들은 나를 많이 좋아했다. 친구들이 끊임없이 생겼다. 내가 사람과 협력의 필요성을 이해하게 된 계기는 어쩌면 다른 사람과 얽혀 있는 이 감각에 의한 것이었을지도 모른다. 이것은 나중에 개인 심리학의 열쇠가 된 주제였다."

심리학자 에드워드 호프만은 아들러 심리학의 시작이 유년기라는 것에 주목한다. '열등감, 목적론, 자기 결정성, 공동체 감각, 라이프스타일, 인생 과제, 용기 부여'라는 아들러 심리학의 주요 키워드가 어떤 배경에서 생겨났는지를 이해하는 데 이 유년기의 기억은 중요한 의미를 가진다.

아들러는 성격이 사교적인 덕분에 어른이 되어서도 손쉽게 친구를 만들 수 있었다. 호프만은 태평하고 친절한 아들러의 성격이 친구와 공동 작업을 통해 더욱 깊은 우정을 만들었고, 그 대등한 관계는 아들러 자신에 대한 자신감과 낙관주의적인 생각을 얻는 데 도움이 됐다고 지적했다.

아들러는 6세 때부터 학교에 다니기 시작했다. 그다지 우수한 학생은 아니었고, 중학생 때는 수학에서 낙제 점수를 받았다. 아버지는 선생님에게 학교를 그만두는 것이 좋겠다는 충고를 들었지만 동의하지 않았다. 아들러는 그때부터 열심히 공부했고,

1888년에 빈 대학 의학부에 입학하여 1895년에 학위를 받았다.

의대생 시절에 정신분석학자 지그문트 프로이트가 히스테리 강의를 했지만, 아들러는 그 강의를 수강하지 않았다. 졸업 후 아들러는 안과의사로 근무했고, 이후에 신경학과 정신의학에 관심이 생겼다.

1897년, 사회주의에 관심이 있었던 아들러는 공부 모임에서 만난 러시아계 유대인인 라이사 엡스타인과 결혼하여 네 명의 자녀를 두었다. 다만 아들러 자신은 사회주의 운동에 뛰어들지 않았다. 아들러의 관심은 오로지 마음의 병을 가진 사람의 치료를 통한 사회적 자립이나 아이의 교육에 향해 있었다.

아들러는 1902년에 프로이트가 주관하는 연구회(심리학 수요회)에 참가했을 때 처음 프로이트와 만났다. 아들러는 자신이 프로이트파라고 전혀 생각하지 않았으며, 둘의 관계 역시 친밀하지 않았다. 다른 유명한 정신분석학자인 칼 구스타프 융과도 친하지 않았다.

아들러의 생각은 프로이트의 주장과는 거리가 있었고, 머지않아 그는 프로이트와 멀어졌다. 1910년, 빈 정신분석학회의 회장이 된 아들러가 프로이트의 성에 대한 생각을 강하게 비판한 것이 둘의 관계에 결정적으로 영향을 미쳤다. 아들러는 회장직을 그만두고 새롭게 자유정신분석학회를 결성하여, 1913년에 명칭을 개인심리학회로 변경하고 독자적인 학파를 구축했다.

1914년에 제1차 세계대전이 발발하자 아들러는 종군 의사로 참전했다. 전쟁 후에는 빈에서 근무했으며, 1922년에 세계 최초로 아동 상담소(클리닉)를 개설했다. 젊은 날 아들러의 사회주의적 관심은 정치 세계가 아닌 교육 세계로 향했고, 그것이 상담소 운영 사업으로 이어졌다.

아동 상담소는 아이나 부모의 치료뿐만 아니라, 교사나 의사 등 전문직 교육에도 활용되었다. 이런 활동을 통해 아들러 심리학은 점차 다듬어졌고, 이론적 틀을 확립해갔다.

1930년대에 들어 점차 나치즘이 대두하자, 유대인인 아들러는 박해가 두려워 1935년에 미국으로 이주하여 롱아일랜드 의과대학에서 교수로 일했다. 이후에도 아들러는 열정적으로 유럽에서 강연 활동을 했으며, 1937년에 스코틀랜드의 아바딘에서 심장발작으로 사망했다. 향년 67세였다.

아들러가 사망한 후 아들러 심리학은 한때 침체기를 걸었지만, 미국에 망명한 제자들을 주축으로 다시 활발한 연구가 이루어졌다. 그중에서 특히 심리학자 루돌프 드레이커스의 공헌이 크다.

드레이커스는 아들러 심리학의 열쇠가 되는 개념을 체계적으로 정리하여 공표했고, 아들러 심리학의 실천법 개발에 힘썼다. 그 대표적인 업적을 『아들러 심리학의 기초』로 정리하여 오늘날 우리가 아들러의 교훈을 쉽게 이해하는 데 도움을 주었다. 또한 드레이커스는 북미 아들러심리학협회를 창립하여 『개인심리학 저널』 등 전문지도 창간했다.

아들러 심리학은 인간을 어떻게 보는지, 이른바 아들러 심리학의 인간관은 어떤 것인지를 여기서 단적으로 기술하겠다.

아들러 심리학은 '인간은 유일무이한 사회적 존재이며 자기 일은 스스로 결정하고 그 마음의 움직임이나 행동은 목적과 목표에 따라 결정되는 존재다.'라고 정의한다. 즉 '인간은 타인과 함께 사는 사회적 존재이며 자기가 결정하면서 사회에 적응하는 주체적인 성향을 가진 존재'라는 것이다.

또한 아들러 심리학은 마음속에 생기는 것 이상으로 대인 관계에 관련한 것을 중시하고 있다는 점과, 문제의 발생 이유를 원인론이 아닌 목적론으로 파악하고 있다는 점이 커다란 특징이다. 단순히 병이 나으면 혹은 이상한 부분이 없으면 정상이라고 생각하지 않고, 정상이란 무엇인가, 건강이란 무엇인가를 솔직하게 파악한다는 점도 또 다른 특징 중 하나이다.

이렇게 보면 아들러 심리학은 상당히 적극적인 인간관을 가지고 있고, 좋은 의미로 낙관적 심리학이라고 할 수 있다. 이런 인간관을 가졌기에 아들러 심리학은 마음의 병을 가진 사람을 위한 심리학인 동시에 일반인을 위한 심리학이 된다.

오늘날 직장이나 가정, 학교에서 자기 계발이 성행하는데, 이런 풍조에 아들러 심리학은 큰 영향을 미치고 있다. 아들러 심리학은 지극히 우수한 교육 심리학이며 인간을 건강하게 하는 심리학, 인간을 변화시키는 심리학이라고 할 수 있다.

관계 속에서
행복한 인생을 만들자

아들러 심리학의 영향을 받은 학자는 많지만, 그중에서도 아들러 심리학을 정리하여 보급한 루돌프 드레이커스나 정신과 의사인 베란 울프, 인간성 심리학이나 욕구의 계층설을 주장한 에이브러햄 매슬로우의 존재는 크다.

또한 관리론으로 알려진 피터 드러커, 『7가지 습관』 등 자기계발서의 저자 스티븐 코비, 『사람을 움직인다』 등을 저술한 데일 카네기, 코칭 이론으로 주목 받은 마셜 골드스미스 등의 활동은 아들러 심리학이 광범위하게 사회에 알려지는 데 공헌했다.

그런데 이들의 활동을 많은 사람이 주목하면서도 이 뿌리가 아들러 심리학에 있다는 것을 명확하게 이해하는 사람은 그리 많지 않다.

아들러 심리학은 개인 심리학(individual psychology)이라고 불린다. '개인(individual)'은 라틴어에서 왔으며, '분할할 수 없다.'는 의미가 있다. 아들러는 이 말의 의미를 통해 '인간은 더는 분할할 수 없는 존재'라고 생각했다. 그는 인간을 마음과 신체, 이성과 감정, 혹은 의식과 무의식 등으로 분할할 수 없다고 파악했다. 한 사람 한 사람 개인을 통일된 전체적인 존재로 보기 때문이다.

예를 들어 '머리로는 이해하고 있지만 감정이 따라주지 않는다.'라고 생각하며 행동하지 않는 경우도, 실제로는 하고 싶지 않기 때문에 이와 같은 변명을 하는 것인지도 모른다. 이 발언은 이성과 감정이 나뉘어 있다는 것을 전제로 하지만, '인간의 마음은 이성과 감정이 서로 연결되어 있고, 분할할 수 없는 전체로 움직이고 있다.'고 아들러는 생각한다.

여기에서 '개인의 마음 상태를 사회와의 관계성 안에서, 특히 대인 관계 속에서 본다.'라는 아들러의 인간관이 생겨났다. 인간의 마음 상태를 이해하기 위해서는 그 사람만을 관찰하면 안 된다. 바르게 이해하기 위해서는 그 사람이 사회 안에서 어떤 처지에 있는지, 혹은 어떤 역할을 맡고 있는지와 같은 사회적, 혹은 대인 관계 전체의 문맥을 파악해야 한다.

아들러의 인간관은 당시 독일에서 주장하고 있던 게슈탈트 심리학의 영향을 받았다. 게슈탈트 심리학은 '인간의 마음은 각각의 기능이 모여서 만들어진 것이 아니라, 전체성을 가진 구조로 움직인다.'는 생각이다. 전체성을 가진 통합적인 구조를 독일어로 '게슈탈트'라고 해서, 이런 이름이 붙었다.

게슈탈트 심리학의 가장 기본적인 생각은 '인간의 인식은 각각의 감각적인 인식이 합해져 형성되는 것이 아니라, 각각의 감각은 환원할 수 없는 전체적인 구조에 의해 만들어진다.'는 것이다. 아들러가 인간을 마음과 신체, 이성과 감정, 혹은 의식과 무의식처럼 나눠 생각하는 이른바 이원론에 반대하는 이유는 이 때문이다.

아들러 심리학은 전체성, 사회성, 목적성, 주체성, 그리고 적극성이라는 인간관을 주장한다. 이런 아들러 심리학은 몇 가지의 주요한 개념으로 구성된다. 이 책에서는 주요 개념을 일곱 개의 키워드로 본다. 아들러 심리학을 구성하는 일곱 가지 키워드란 앞서 말한 '열등감, 목적론, 자기 결정성, 공동체 감각, 라이프스타일, 인생 과제, 용기 부여'다. 이 일곱 가지 키워드를 단적으로 정의하면 다음과 같다.

열등감이란 자신이 타인보다 뒤처진다고 인식하여 이를 부끄럽게 여기는 것이다. 목적론이란 인간의 모든 행동에는 목적이 있다는 것을 의미한다. 자기 결정성은 모든 일은 스스로 결정한다는 것이다. 공동체 감각은 주변 사람에게 더욱 도움이 되기 위한 판단을 하는 가치 기준을 의미한다. 라이프스타일이란 그 사람의 행동을 결정하는 생활 방식이다. 인생 과제는 피할 수 없는 인생의 과제를 말한다. 마지막으로 용기 부여란 기쁨과 감사를 전하는 방법을 의미한다.

이 책에서는 아들러 교훈의 핵심이 되는 일곱 가지 키워드를 뽑아 이것과 관련된 아들러의 교훈에 관해서 해설한다. 그리고 이를 통해 아들러의 교훈이 가진 자기 계발과 자기 변화의 힘을 전달하려고 한다.

아들러는 자신의 교훈을 단지 생각하는 방식으로서만 이해하지 않고, 실제로 실천으로 옮기는 것을 중요하게 여겼다. 실천하는 데 기본이 되는 부분이나 중요한 내용에 관해서는 반복해서 설명할 때가 많을 것이다. 따라서 이 책에서 반복해서 나오는 생각 방식이나 명언이 있다면, 아들러가 이것을 중요하게 생각하여 실천하고자 했다고 받아들이면 좋겠다.

제1장

완벽하지 않아도 괜찮다

열등감

아들러의 교훈 1

열등감은
다분히 주관적이다

자신이 타인보다 신체와 능력 그리고 사회적인 측면에서 열등하다고 인식하고, '나는 안 돼, 내가 부끄럽다.'라고 느끼는 것을 열등감이라고 한다.

사람은 '이런 사람이 되고 싶다.', '이런 인생을 보내고 싶다.'라는 이상 혹은 목표를 가지고 있다. 하지만 대부분의 경우 현실의 자신은 이상과는 상당히 거리가 있고, 뒤처진 상태일 때가 많다. 이상과 현실의 갭 때문에 자신이 뒤처져 있다고 판단하여, 이에 대해 부담이나 굴욕을 느끼는 것도 열등감에 해당한다.

열등감은 지극히 주관적이어서, 실제로 타인이나 이상 속 자신과 비교하면 현재의 자신이 반드시 남들보다 뒤처져 있다고는 할 수 없다. 예를 들면 실제로는 타인보다 뚱뚱하지 않은데, 본인은 뚱뚱하다고 인식하여 '내 몸은 아름답지 않아, 창피해.'라고 생각하는 사람이 많다.

여기에는 자신의 이상적인 신체상이 나타나 있다. 실제로는 날씬해서 이상적인 신체에 가깝거나 이상 체중을 밑돌지만 '조금 더 날씬했으면 좋겠어.'나 '아직 이 부분은 뚱뚱해.'라고 인식하여 식사 제한을 하는 경우가 종종 있다.

열등감은 이 정도로 주관적인 것이다. 그래서 주관이 바뀌면 열등감의 질도 바뀌게 된다.

데일 카네기는 이렇게 말했다.

"자신의 결점만 신경 쓴다면 이런 열등감을 바로잡아 줄 사람은 이 세상에 한 사람밖에 없다. 바로 당신 자신이다."

열등감이 생긴다면 그것을 바로잡을 수 있는 사람은 자신밖에 없다.

'스타일이 좋지 않아.' 또는 '머리가 나빠.', '나는 안 되는 인간이야.'라고 자신을 깎아내려 열등감을 높이는 말은 멈춰보자. 이런 말은 자신의 나쁜 점을 더욱 의식하게 하고, 자신의 좋은 점을 감추게 한다.

자신에게 플러스가 되는 말을 하자. 그렇게 하면 열등감은 약해지고, 자신의 좋은 점을 의식할 수 있다.

자신을 깎아내려 열등감을 높이는 말은 멈춰보자. 이런 말은 자신의 나쁜 점을 더욱 의식하게 하고, 자신의 좋은 점을 감추게 한다.

아들러의 교훈 2

열등감은 병이 아니다

우리는 살아가면서 자신과 다른 사람을 비교하거나, 현실과 이상 속 자신을 비교하여 능력이 달린다거나 사회적으로 열등하다고 생각해, 자신은 안 되는 인간이라고 창피하게 생각한다. 이것을 열등감이라고 한다.

사회 안에서 생활하고 조직 안에서 활동하는 우리는 정도의 차이만 있을 뿐 대부분이 열등감을 가지고 살아간다. 바꿔 말하면 사회와의 관계가 없으면 열등감을 느낄 필요가 없다.

사람은 열등감을 없애기 위해서 다양한 행동을 하는데, 이것을 '보상 행동'이라고 한다. 열등감이 유쾌한지 불쾌한지 따지면, 대부분의 경우 불쾌하다고 느껴 그 불쾌한 상태에서 유쾌한 상태로 자신을 바꾸려는 보상 행동을 한다.

예를 들어 사회적인 열등감을 자각했을 때, 그것을 보상하기 위해서 신체를 단련하고 공부를 하고 커뮤니케이션 능력을 높이는 활동을 한다. 이것으로 자신이 느끼는 열등감을 없애려고 한다.

이런 보상 행동으로 현재의 자신을 더욱 좋게 바꾸어간다. 그러면 열등감은 건전하고 정상적인 노력을 만들어내고, 성장을 자극하는 힘을 가지게 된다.

인간은 누구라도 열등감을 가지고 있다. 열등감은 병이 아니다. 열등감이 생기는 것이 결코 나쁘다고 할 수 없다. 오히려 열등감 덕분에 성장할 기회가 생기기도 한다. 열등감, 이 고통으로 가득 찬 불안한 감정에서 정신 발달의 커다란 비약을 끌어낼 수 있기 때문이다.

열등감이 생기는 것이 결코 나쁘다고 할 수 없다. 오히려 열등감을 가졌기 때문에 사람에게는 성장할 기회가 있다.

아들러의 교훈 3

인간은
나약하게 타고났다

　인간은 지구에 존재하는 생물 중에서도 극히 약한 존재다. 크고 강한 신체도 가지지 못했고, 우수한 운동 능력도 갖추지 못했다. 게다가 민감한 청력이나 우수한 시력 등 유별난 감각 능력을 가진 것도 아니다.

　'생리적 조산동물'이라고 불리는 인간은, 태어날 때 자신의 신체조차 생각처럼 움직이지 못하는 생물학적 열등성을 가진 존재다. 생물로서 인간은 열등감을 가질 수밖에 없는 존재로 이 세상에 태어난 것이다.

　인간의 태생이 성선설이나 성악설이라는 견해가 있지만, 이상의 것에서 생각하면 인간의 본질은 이 두 가지 설 모두 아니다. 오히려 '성악설'이라 할 수 있다. 인간의 본질을 이해하기 위해서는 성악설의 관점에서 생각해야 한다.

인간은 생물학적 열등성을 극복하기 위해서 많은 동료가 모이는 집단, 즉 사회를 만들었다. 사회 속에서 동료와 함께 생활하면서 혼자서는 대응할 수 없었던 문제를 협력하고 서로 도와 해결하는 것이다.

집단 혹은 사회에 소속됨으로써 인간의 생활은 더욱 안정되었고 생존이 보장되었다. 이러지 않고 독립하여 살아가는 것은 힘들었다. 생물로서 인간의 독립은 때로는 죽음이라는 의미이기 때문이다. 그러므로 혼자서 해결할 수 없는 문제에 직면했을 때, 가족이나 친구 혹은 사회를 믿고 신뢰하는 것을 부끄럽게 여겨서는 안 된다.

인간의 태생이 성선설이나 성악설이라는 견해가 있지만, 이상의 것에서 생각하면 인간의 본질은 이 두 가지 설 모두 아니다. 오히려 '성악설'이라 할 수 있다.

아들러의 교훈 4

열등감이 인류의 문화를 만들었다

인간은 열등감을 해소하고 보완하기 위해 다양한 문화를 만들어내고 인류의 역사를 만들어갔다. 허약한 체력을 대신해 지능을 발달시켰고, 수렵이나 농경을 위한 도구를 발명했으며 동료와 커뮤니케이션하기 위한 언어를 만들어낸 것도 열등성을 해소하기 위해서였다.

인류가 지금까지 만든 문명은 우리가 가진 열등성 덕분이라고 해도 과언이 아니다. 지성의 발달로 인간은 많은 것을 얻었지만, 그중에서도 현재, 과거, 미래라는 시간의 개념을 가지게 된 것은 문화를 만드는 데 커다란 영향을 미쳤다. 특히 미래라는 시간 개념으로 인간은 죽음에 대해 인식하게 되었다.

죽는 존재라는 것을 명확하게 의식하는 인간에게는 이것 자체가 열등감으로 받아들여졌다. 죽음에 대한 불안과 공포를 보상하기 위해서 인간은 예술과 철학, 그리고 종교와 같은 문화를 만들어갔다.

사람의 약함, 어리석음, 추함, 그리고 허무함을 보상하기 위해 만든 예술, 철학, 종교 등을 생각하면, 열등감이 결핍감을 느끼게 했고, 결핍감이 문화와 문명을 만들어내서 우리의 생활을 개선했다고 할 수 있다. 인류의 문화는 틀림없이 열등감에서 생겨난 것이다.

열등감이 결핍감을 느끼게 했고, 결핍감이 문화와 문명을 만들어내서 우리의 생활을 개선했다.

아들러의 교훈 5

열등감은 '목표'를 발견하게 한다

개인이 가진 열등감은 '키가 작다, 살이 쪘다, 발이 느리다, 글을 못 쓴다, 그림이 서툴다, 기억력이 나쁘다, 사람 사귀는 것에 서툴다…….'는 것과 같은 열등성에서 생겨난다. 이와 같은 열등감은 사람이 성장하는 데 꼭 필요한 것이다.

열등감을 느끼는 사람은 이것을 극복하려고 다양한 보상 행동을 한다. 정당한 보상 행동은 사람을 성장시키고, 사회에도 공헌한다.

인간에게 공통된 열등감이 인류의 발전에 도움이 된 것과 마찬가지로 개인의 열등감도 그 사람을 성장시키고 최종적으로는 인류의 발전에 공헌하게 한다.

하지만 누군가가 열등감을 가진 사람을 비판한다거나 바보 취급하면, 그 사람은 정신적으로 불안정해져 노이로제 같은 마음의 병이 생길 확률이 높다. 비판하지 말고 상대의 행동을 뒤에서 지지해주면서 용기를 준다면, 그 사람은 열등감을 극복하려고 의지를 보일 것이다.

열등감을 보완하기 위한 보상 행동의 배경에는 '이렇게 되고 싶다.' 혹은 '이렇게 평가받는 사람이 되고 싶다.'라는 목표가 있다. 즉 다른 사람과의 비교에 의한 열등감 때문이 아니라 '이렇게 되고 싶다.'거나 '이걸 원한다.'라는 그 사람의 목표가 있어서 보상 행동이 나온다.

인간은 누구라도 무력한 상태에서 벗어나 뛰어난 존재가 되고 싶어 하는 욕구를 가지고 있다. 우월성을 추구하기 때문에 열등감도 생기는 것이다. 그러므로 열등감은 병적인 것이 아니라 모두가 가지는 정당한 심리다.

그리고 중요한 점은 우선 우월해지고 싶다는 욕구가 있기에 열등감이 생긴다는 것이다. 열등감을 보완하기 위해 우수한 인간이 되고 싶어 하는 것은 아니다.

즉 열등감을 보완하는 보상 행동도 원인론이 아닌 '목적론'으로 설명해야 한다.

열등감을 보완하기 위한 보상 행동의 배경에는 '이렇게 되고 싶다.' 혹은 '이렇게 평가받는 사람이 되고 싶다.'라는 목표가 있다.

아들러의 교훈 6

열등감을 바르게 이끌어야 성장한다

 열등감 때문에 보상 행동이 생기는데, 보상의 방식은 사람마다 다르다. 뒤처져 있다고 생각하는 기능이나 능력을 보완하려고 진지하게 힘쓰는 경우도 있지만, 현실에서 벗어나 틀어박혀 버리는 경우도 있다. 이것을 '올바른 보상'과 '지는 보상'으로 구분한다.

 반도 다마사부로는 가부키의 명배우이다. 그는 극단 출신이 아닌 데다가 어린 시절에 소아마비를 앓았다는 점과 여장을 하기에는 장신이라는 점(173센티미터), 예풍이나 활동 방침을 둘러싸고 여장 최고봉인 나카무라 우타에몬과의 사이에서 불화가 있었던 점 등 여러 고난에 직면했는데, 이것을 극복하기 위해 열심히 연습하여 현재의 위치에 올랐다.

그는 소아마비라는 자신의 열등성을 보상하기 위해서 유년기부터 재활 훈련을 했고, 신체 강화를 위해 춤에 매진했다. 그리고 극단 출신이 아니라는 점과 우타에몬과의 불화를 보상하기 위해서 더욱 연습에 몰두했다. 이렇게 해서 가부키에서 여장으로서 부동의 입지를 구축했다.

다마사부로처럼 정말 뛰어난 사람, 우리의 문화에 커다란 공헌을 한 사람 중에는 인생의 시작부터 주관적인 열등성을 가졌던 사람이 많다. 이들은 신체 열등성이 있으며 환경적으로도 힘들지만, 열심히 싸웠기에 진보했고 무언가를 발명했다. 싸움으로 자신을 강하게 만들고, 싸움을 통해 자신도 세상도 진보하게 한 것이다. 즉 열등감을 올바르게 보상하는 행위 속에 인간을 진보시키는 힘이 있다.

다만 다마사부로의 예에서, 그가 가부키에 입문하고 배우로서 기량과 예술성이 향상된 것이 모두 보상 행동 때문이라고 해석하면 안 된다. 그에게는 가부키 배우로서의 높은 목표가 있었다.

열등감은 반드시 뒤처져 있어서 생기는 것은 아니다. 아무리 우수해 보이는 사람에게도 열등감은 존재한다. 목표가 있는 한, 열등감이 있는 것은 당연하다. 다마사부로는 이 열등감을 계기로 더욱 높은 목표를 향해 정진했다.

가부키 배우로서 강한 '우월성을 향한 욕구'가 있어서, 그는 스스로 열등성을 더욱 강하게 느꼈다. 우월성을 향한 욕구를 채우기 위해 다마사부로는 신체를 단련하고 연습에 매진하는, 정당하고 건설적인 올바른 보상 행동을 했다.

만약에 '애초에 나는 몸이 약하니까.' 혹은 '어차피 극단 출신이 아닌데.' 같은 원인을 자신의 외부에서 찾거나 현실을 회피하려고 했다면 잘못된 보상 행동이 되기 때문에 지금의 다마사부로는 탄생하지 못했을 것이다.

정말 뛰어난 사람, 우리의 문화에 커다란 공헌을 한 사람의 대부분은 인생의 시작부터 열등감을 느꼈다.

아들러의 교훈 7

목표를 너무 높이 설정하지 마라

　열등감이 너무나도 과하면, '나중에 손해 보는 것 아닐까?' 하는 불안 때문에 지나친 행동을 할 위험성이 있다. 이것을 '과보상'이라고 한다.

　예를 들어 살찐 사람이 자기 몸이 마음에 안 들어서 음식을 제한하여 체중을 줄이려고 한다고 하자. 그가 충분히 표준 체중을 달성했는데도 더욱 마르고 싶어서 섭식 제한을 계속한다면, 자신의 몸에 대한 이미지가 삐뚤어져서 더욱 날씬한 몸이 아니면 필요 없다고 생각해버리는 단계로까지 나아간다.

　이로 인해 거식이나 과식이라는 섭식 장애가 발병하기도 한다. 살을 빼려고 열심히 노력했는데, '내 생각대로 되지 않아.' '나는 안 돼.'라는 생각에 사로잡혀 섭식 제한을 지나치게 해버리는 것이다. 이는 살쪘다는 열등감에 대해 과잉 보상을 하는 경우이다.

또한 열등감을 지나치게 보상하면 주변이 보이지 않게 되고, 자기중심적이 된다. 이렇게 되면 주변 사람을 생각하지 못해서 부딪치는 상황에 빠지고, 사회로부터 고립될 수도 있다.
이것은 열등감의 건전치 못하고 파괴적인 보상의 예이다. 열등감의 보상은 도가 지나치지 않게, 적절하고 적당해야 한다.

열등감이 너무 과하면, '나중에 손해 보는 것 아닐까?' 하는 불안 때문에 지나친 행동을 할 위험성이 있다.

아들러의 교훈 8

열등 콤플렉스와
우월 콤플렉스를 알라

열등감 자체가 건강하지 못한 것은 아니다. 열등감이 건강하지 못한 방향으로 작용하는 열등 콤플렉스나 우월 콤플렉스에 빠지지 않는 것이 중요하다. 이 콤플렉스는 주변 사람과의 관계에 악영향을 미치고, 고립감을 더욱 강하게 한다.

열등감은 바른 보상 행동으로 회복하는 것이 바람직하지만, 열등감을 정면으로 마주하지 않고 도망가거나 무시하는 사람도 있다. 이런 사람은 소극적인 성격이 되기 쉽고 과도하게 창피함을 느낀다거나 집에 틀어박히게 된다. 혹은 푸념을 늘어놓고, 정색한다거나 화를 내는 등의 과잉 반응을 보인다. 이것이 열등 콤플렉스의 특징이다.

열등 콤플렉스가 심해지면 타인을 통제하려 한다. 자신의 부족한 부분을 다른 사람에게 호소하여 동정과 도움을 이끌어내는 것이다.

예를 들어 "최근에는 잠을 잘 못 자서 컨디션이 안 좋아.", "나는 머리가 나빠서 그런지 이해할 수 없어."라고 하는 사람이 있다면, 주변 사람은 "몸조심해, 무리하지 말고.", "그렇게 생각한 적 없어. 내가 알려줄게."라고 동정하거나 도와준다.

이렇게 결과적으로 그 사람은 주변 사람의 마음이나 행동을 통제한다. 열등 콤플렉스를 가진 사람이 '이렇게 하면 다른 사람이 내가 원하는 것을 해준다.'는 경험을 반복하면 부적절한 라이프스타일을 만들게 된다. 이는 결코 좋은 것이 아니다.

열등 콤플렉스가 더욱 심해지면 이와는 다른 방법으로 콤플렉스를 해소하려 들 수도 있다. 자신이 실제로는 뛰어나지 않아도 우수한 것처럼 행동하고 타인에게 과시하는 경우가 여기에 속하는데, 이것을 우월 콤플렉스라고 한다.

이처럼 대단한 존재처럼 행동하거나, 위에서 내려다보는 태도를 보이는 사람은 타인에 대한 우월감을 나타내는 것으로 자신의 열등감을 보상하려고 한다.

예를 들어 실은 자기 일이 잘 풀리지 않아서 열등감이 있는데, 명품을 사서 주위 사람에게 보여주면서 자만하고 우월감에 젖는 것도 우월 콤플렉스에 속한다. 또한 직장에서 인정받지 못한 사람이 가정에서는 강한 권력으로 폭군이 되거나, 또는 폭력을 휘두르고, 아이에게 과도하게 엄격한 예의범절을 강요하는 경우도 여기에 속한다.

열등 콤플렉스와 우월 콤플렉스는 주변 사람과의 관계에 악영향을 끼친다. 이렇게 되면 고립감은 더욱 강해지고 건강한 대인 관계를 맺는 것이 어려워진다. 이런 경우 자기 생각이나 태도를 고집하여 완고해지고, 사회에 대해 점점 더 부정적인 태도를 보이게 된다.

열등 콤플렉스와 우월 콤플렉스는 주변 사람과의 관계에 악영향을 끼친다. 이렇게 되면 고립감은 더욱 강해지고 건강한 대인 관계를 가지는 것이 어려워진다.

아들러의 교훈 9

기술을 연마하거나 시야를 넓혀라

 열등 콤플렉스와 우월 콤플렉스에 빠지지 않기 위해서는 어떻게 하면 좋을까? 자신보다 우위에 있는 인물의 우위성이 약해진다거나 없어지면 열등감은 줄어든다. 우위에 있는 사람의 발목을 잡아 실현하는 것이 아니라, 자신의 부족한 능력이나 상황을 개선하는 것이 건강한 방법이다.

 예를 들어 다른 사람보다 실적이 부족한 영업 사원이 있다고 하자. 그는 자신의 상황을 개선하기 위해서 자기 일에 필요한 기술이 무엇인지, 부족한 능력은 어떻게 채울 것인지, 객관적으로 파악하여 보완하려고 한다. 이렇게 반복적으로 노력하면 불안이나 질투의 감정과 함께 열등감도 줄일 수 있다.

또 다른 방법은 실적이 뛰어난 사람과 같은 위치에 오르려고 하지 않고, 조금 더 시야를 넓혀 그 사람에게는 없는 자신의 장점을 찾아 자신의 새로운 가능성을 찾아내는 것이다. 영업 성적으로는 이길 수 없으면, 사람들과 사이좋게 지내면서 협력하는 능력을 익히는 식이다. 아니면 커뮤니케이션 능력이나 통솔력 등을 갈고 닦는 방법도 있다.

이처럼 현재의 자신을 위로 끌어올리고, 시야를 넓히는 건전하고 건설적인 방법으로 열등감을 회복하는 것이 중요하다.

현재의 자신을 위로 끌어올리고, 시야를 넓히는 건전하고 건설적인 방법으로 열등감을 회복하는 것이 중요하다.

아들러의 교훈 10

자신을 받아들이는 사람만이 강해진다

열등 콤플렉스와 우월 콤플렉스(이하 콤플렉스)를 올바른 방향으로 향하게 하기 위해서는 우월성에 대한 욕구를 바르게 사용하는 것이 중요하다. 여기서 중요한 점은 그 욕구가 공동체 감각에 기초한 것이어야 한다는 것이다.

자기가 하려고 하는 행동이 자신의 목적이나 목표가 포함되어 있고 자신이 속한 공동체에도 유익한 것이라면, 그 행동은 콤플렉스를 올바른 방향으로 향하게 한다.

하지만 자기가 하려고 하는 행동이 자신의 이익만을 목적으로 한다거나 자신이 속한 공동체에는 아무런 이익도 되지 않고 손해를 입히는 것이라면, 그것은 콤플렉스를 더욱 좋지 않은 방향으로 향하게 한다. 자신뿐만 아니라 다른 사람의 이익도 고려해야 한다는 것이 핵심이다.

그런데 콤플렉스를 가진 사람의 궤도를 바꾸려고, 그를 격려하거나 도와주는 것은 오히려 역효과를 불러온다. "괜찮아, 지금부터 노력해서 힘을 기르면 되잖아."라고 격려해도 본인은 '이미 충분히 노력했는데, 더 어떻게 노력해? 그건 무리야.'라고 생각하는 것이다.

격려하는 행위는 격려받는 사람보다 자신의 위치가 높다고 생각할 때 나온다. 대등한 관계가 아닐 때 나오는 것이다. 이 점에서 보더라도 격려하는 행위로는 콤플렉스를 해소시킬 수 없다.

"걱정 마. 내가 도와줄게."라고 구원의 손을 내미는 것도 의존도와 어리광을 키워 콤플렉스를 스스로 해결하지 못하게 한다.

콤플렉스를 안고 있는 사람과 만날 때는, 우선 그 사람이 가지고 있는 열등감을 있는 그대로 받아들이고 용기를 북돋우는 태도나 말을 하는 것이 중요하다.

"업무 실적이 오르지 않아."라거나 "나에게는 능력이 없어."라고 고민하는 사람에게 "아니야, 그렇지 않아."라고 친절하게 말을 걸어 '그래? 나를 있는 그대로 인정해주는 사람도 있구나. 나는 안 되는 것이 아니었어.'라고 생각하게 하는 것이 중요하다.

그렇게 하면 지금까지 자신에 대한 시선이 바뀔 가능성이 있다. 즉 능력이 부족하다는 열등감을 느끼고 있다고 해도 누구에게 의존하거나 누군가에게 공격적이 되거나 하지는 않게 된다. 지금의 자신을 받아들이고 조금이라도 자신의 힘으로 스스로 바꾸려고 한다.

자신을 받아들이고 바꾸려고 도전하는 사람만이 진정으로 강해진다.

용기를 받으면 사람은 자신의 콤플렉스를 받아들이고 그것을 줄이려고 하며 자신을 성장시킨다. 격려도 칭찬도 아닌 용기를 북돋우는 것. 이것이 콤플렉스에 대한 최선의 대처법이다.

용기를 북돋우는 행위는 콤플렉스를 안고 있는 사람의 인생을 유익한 쪽으로 되돌리는 힘을 가지고 있다.

콤플렉스를 안고 있는 사람과 만날 때는, 우선 그 사람이 가지고 있는 열등감을 있는 그대로 받아들이고 용기를 북돋우는 태도나 말을 하는 것이 중요하다.

아들러의 교훈 11

과거에 일어난 일을
분석하지 마라

열등감의 원인을 안다고 해서 살아가는 용기가 생기는 것은 아니다. 마찬가지로 과거에 있었던 일을 분석한다고 해서 오늘을 살아가고, 내일을 향해 한 걸음 내디딜 용기가 생기지는 않는다. 현재의 자신을 인정하고, 지금부터 자신의 미래를 생각하고 목표를 가지고 살아가는 것이 중요하다.

과거에 일어났던 일을 분석하여, 현재 자신의 상황을 해명하려고 해도 잘 되지 않는다. 이것은 사물의 성질을 해명하는 물리학에서 쓰는 방법이어서 인간의 심리를 밝히는 데에는 도움이 되지 않는다.

그러므로 과거에 집착하지 말아야 한다. 자신의 미래를 찾고 자신의 가능성에 눈을 돌려 열등감을 이용하여 자신을 향상시키는 것에 관심을 두어야 한다.

축구선수 크리스티아누 호날두는 경기에서 졌을 때 이런 말을 했다.

"19세에 유럽 챔피언이 되고 싶었습니다. 이번에는 졌지만 다시 앞을 향해 달려야 합니다. 언젠가 유럽 챔피언이 될 기회가 올 것이니 이번에 겪은 낙담을 계기로 삼겠습니다."

열등감이 있기 때문에 살아가는 힘도 생긴다. 열등감이 없다면, 우리는 문화나 문명을 구축하지 못했을 것이다. 열등감을 가지는 것 자체는 전혀 나쁘지 않다.

하지만 열등감에 지나치게 빠져들면 마음은 부정적인 악순환에 빠지게 되어, '나는 뭘 해도 안 돼.'라거나 '어차피 잘 안 될 텐데.'라고 의욕 상실과 함께 무기력해진다.

반대로 '나는 할 수 있는 사람이야.'나 '나는 특별한 존재야.'라는 생각으로 뻔뻔해지면 잘못된 권력을 휘두르기도 한다. 자신의 마음이 이런 부정적인 악순환에 빠지지 않도록 생각하는 방법도 바꿔야 할 필요가 있다.

일을 잘 해결하지 못해서 상사에게 한 소리 들어 우울해하는 것은 어쩔 수 없지만, 금방 털어버리지 않으면 다음 일에도 영향을 미친다. 제대로 반성했다면 계속해서 끙끙 앓고 있지 말고 사고방식을 바꿔야 한다.

부정적인 악순환에서 올바른 순환으로 변환하기 위해서는 긍정적인 경험을 늘리는 것이 중요하다. 커다란 목표를 한순간에 이루려고 하지 말고, 어느 정도 노력하면 성공할 수 있는 작은 목표를 세워 한 발 한 발 나아가는 것이 좋은 해결법이다.

과거에 있었던 일을 분석한다고 해서 오늘을 살아가고 내일을 향해 한 걸음 내디딜 용기가 생기지는 않는다.

아들러의 교훈 12

불완전한 자신을 인정하는 것부터 하라

 있는 그대로 자신을 받아들이고 자신의 가능성에 눈을 돌려 실제로 행동할 용기를 가지는 것이 중요하다. 이것이 질투나 적대심이라는 감정을 수반하는 열등감을 적절하게 보상하고 회복해가는 방법이다.
 현재의 자신을 인정하는 것은 불완전한 자신을 인정하고 받아들이는 것을 의미한다. 이것은 진정한 용기가 필요한 행동이다.

 완전한 자신, 완전한 인간이라는 것은 머릿속에는 존재할지라도 현실에는 존재하지 않는다. 인간은 애초에 불완전한 존재다.

작가인 무라카미 하루키는 말했다.

"우리는 무척 불완전한 존재로, 하나부터 열까지 요령 있게 잘하는 것은 불가능합니다."

열등감을 가지고 있다는 것은 지극히 자연스러우며, 자신을 더욱 좋게 만들고 싶어 하는 것도 인간으로서 당연하다.

그러므로 '나는 타인보다 우수하지 않으면 안 돼.' 혹은 '나는 더 좋아질 필요가 있어.'라고 생각할 필요는 없다. '나는 지금 여기에 존재하는 것만으로도 가치가 있다.'라고 생각하고, 자신을 받아들이는 것부터 시작하면 된다.

불완전한 자신, 있는 그대로의 자신을 받아들이고, 다른 사람에게도 알리는 것이 자신에게 가장 좋다. 여기에서 자신의 미래와 새로운 가능성이 있고 열등감을 회복할 싹도 나올 수 있다.

현재의 자신을 인정하는 것은 불완전한 자신을 인정하고 받아들이는 것을 의미한다. 이것은 진정한 용기가 필요한 행동이다.

제2장

자신도 모르는 자기 인생의 목적이 있다

목적성

아들러의 교훈 13

목표가 정해지면
행동은 저절로 일어난다

인간은 원인이 되는 어떤 이유가 있어서 행동하는 것이 아니라, 자기가 목적을 설정하고 그것을 향해 주체적으로 행동한다. 즉 인간은 태어날 때부터 미래 지향적이다.

그래서 행동의 원인을 중시하는 '원인론'보다 행동의 목적을 중시하는 '목적론'이 인간의 행동을 이해하는 데 더욱 중요하다.

인간은 의식 혹은 무의식적으로 인생의 최종 목표를 향해 달려가고 있다. 인간의 활동 목적은 그 사람 인생의 최종 목표와 관련이 있다.

따라서 인간의 행동은 모두 그 사람의 의식 혹은 무의식적인 목적이나 목표에 따라 일어나고 있다고 생각해야 한다.

할당된 노동량을 달성하려고 하는 행동도, 여러 이유를 들며 일에 실패했다고 변명하는 행동도, 컨디션이 나빠서 회사를 쉬는 행동도 그 사람의 목적과 목표에 의한 것이지 과거에 발생했던 일이나 경험이 원인은 아니다. 이렇게 생각하는 것이 목적론이다.

인간은 의식 혹은 무의식적으로 인생의 최종 목표를 향해 달려가고 있다.

아들러의 교훈 14

모든 행동에는
숨은 목적이 있다

　미래에 관해 구체적으로 꿈을 설정할 때는, 꿈 안에 현재의 힘든 부분을 극복하려는 목적과 이상이 담겨 있다. 구체적인 목적 혹은 목표를 가지고 있으면, 현재 자신이 힘든 일에 맞서고 있다고 느낄 수 있다. 반대로 목적을 가지지 않는다면 인간의 활동은 어떤 의미도 없을 것이다.

　여자 축구 선수인 사와 호마레는 말했다.

　"꿈이나 목표가 없으면, 무언가를 향해 노력하지 않습니다. 무언가에 몰두하고 즐기기 위해서는 꿈이나 목표를 설정하는 것이 꼭 필요하다고 생각합니다."

인간은 생물학적으로는 개체와 종의 보존을, 사회학적으로는 집단으로의 소속을, 그리고 심리학적으로는 자기실현적 생활을 목적으로 행동한다.

　즉 자신의 생명을 유지하고 자손을 남기기 위해, 집단에 소속되어 타인과의 관계를 만들어 자신의 역할을 달성하기 위해, 그리고 자신의 능력과 자질을 활용하여 생활하기 위해서 행동하는 것이다.

　이런 관점으로 생각하면 인간의 성격은 그 사람의 목표를 향한 일상의 행동이 축적되어 만들어졌다고 할 수 있다.

　'어디에서가 아닌, 어디로를 생각하라.'는 말은 그 사람의 과거, 즉 '어디에' 원인이 있는 것이 아니라 그 사람의 미래, 즉 '어디로'에 목적이 있어서 그 사람의 생각과 판단, 의사, 그리고 행동이 나타나는 것을 의미한다.

　인간의 모든 행동에는 목적이 있다는 것을 이해한다면 우리는 그 사람의 심리를 더욱 정확하게 파악할 수 있다.

인간의 성격은 그 사람의 목표를 향한 일상의 행동이 축적되어 만들어졌다고 할 수 있다.

아들러의 교훈 15

사람은 원인보다 목적에 따라 행동한다

 사람이 무언가를 결정할 때는 과거, 현재, 미래와 관련된 요인이 작용하는데, 그중에서도 미래와 관련된 요인이 가장 중요하다. 사람의 행동이나 판단에는 과거의 원인보다는 미래의 목적이 더욱 강하게 영향을 미친다.

 만들기를 할 때 무언가를 만들겠다는 의도나 의사, 즉 목적이 없다면 아무리 재료가 풍부하다고 해도 소용이 없다. 이것은 사물을 만들 때뿐만 아니라 인간의 능력이나 성격을 만들어갈 때도 마찬가지다.

 즉 부모에게 물려받은 유전적인 소질(재료)보다도 그것을 어떤 목적, 즉 목표를 위해서 사용할지가 더욱 중요하다. 능력이 모자라고 성격이 삐뚤어진 것은 유전적 소질 때문이 아니다. 부적절한 목적이나 잘못된 목표를 설정해서 그것을 위해 유전적 소질을 사용했다는 뜻이다.

인간의 정신생활은 목적에 의해 규정된다. 그 사람의 사고나 감정, 꿈은 모두 목적을 향해 결정되고, 그 방향도 정해진다.

인간의 행동이 과거의 원인에 의해 결정된다는 원인론에는 찬성할 수 없다. 이보다도 목적에 의해 행동을 결정해간다는 생각을 중시한다.

"왜, 이런 행동을 했어?"라고 다른 사람이 말할 때, 여기서 요구하는 답은 그 행동을 한 원인이 아니라 행동의 의도와 목적이 무엇인가에 대한 설명이다. 사람은 올바른 목적을 가지고 생활해야 한다. 목적이 없다면 인생의 나침반을 잃고 행복으로부터 외면당한다.

사람의 행동이나 판단에는 과거의 원인보다는 미래의 목적이 더욱 강하게 영향을 미친다.

아들러의 교훈 16

작은 목적부터
제대로 달성해나가라

　미래의 큰 목표를 이루길 원한다면 일상의 작은 목적부터 제대로 달성해야 한다. 왜냐하면 작은 목적을 쌓아 나가면 커다란 목표가 되기 때문이다.

　아들러 심리학에서는 '목적' 혹은 '목표'라는 말을 자주 사용한다. 이 두 가지 말은 다음과 같이 구별된다.
　일반적으로 목적은 달성하기까지의 시간에 길고 짧음이 있다. 목적에는 오늘 중으로 끝내야 하는 일, 한 달 사이에 달성해야 하는 일, 올해 말까지 성공시키고 싶은 일, 5년 후까지 과장으로

승진하기, 10년 후에 집 사기, 은퇴한 뒤에 기업과 사회에 봉사하기 등 단기적인 것부터 중·장기적인 것까지 있다. 이 중에서 비교적 단기적인 것을 목적이라 하고, 중·장기적인 것을 목표라고 한다.

즉 인간은 일상의 목적을 달성하고 쌓아가면서 중·장기적인 목표를 달성해간다. 한 가지 한 가지의 목적 달성이 커다란 목표 달성으로 이어지는 것이다.

메이저리그 야구 선수인 이치로는 말했다.

"지금 자신이 가능한 일, 노력하면 할 수 있는 일을 쌓아 나가야만 멀리 있는 커다란 목표에 가까워질 수 있습니다."

심리학에는 '스몰스텝' 원리가 있다. 이 원리는 처음부터 높은 목표를 세우지 않고 목표를 세분화하여 작은 목적을 달성해가는 성공 체험을 쌓아서 최종 목표에 가까워지는 방법을 말한다.

어려운 내용을 학습하는 경우, 갑자기 어려운 내용에 들어가지 말고 학습 내용을 작은 단위로 분할하여 쉬운 내용부터 출발하여 조금씩 어려운 내용에 도전해가는 방법이 목표를 달성할 가능성이 높다는 생각에서 나온 것이다.

조금만 협력하면 할 수 있는 목적을 한 가지씩 달성하면서 커다란 목표에 도달하자는 스몰스텝 원리에 의해, 목적에 따른 일상적 행동이 모여 커다란 목표의 달성으로 이어진다. 이 과정을 인생의 '목표 추구성'이라고 한다.

인간이 장기적인 목표를 가지고 살아가는 것은, 명확한 인생 설계를 세우고 달성하기 위해서 일을 하고 인간으로서 성장하는 것을 의미한다. 한편 목표를 가지지 않고 살아가는 것은 제대로 된 인생 설계 없이 그날그날 살아가는 방식을 의미한다. 이런 방법으로는 인간적인 성장을 바랄 수 없다.

우리는 일상의 목적을 달성하고 그것을 쌓아 가면서 장기적인 목표를 달성하려고 노력해야 한다.

미래의 큰 목표를 이루길 원한다면 일상의 작은 목적부터 제대로 달성해야 한다. 왜냐하면 작은 목적을 쌓아 나가면 커다란 목표가 되기 때문이다.

아들러의 교훈 17

목표를 바로잡으면 인생이 달라진다

　인간의 행동이 과거에 일어났던 일이나 경험 때문에 결정된다면 과거는 바꿀 수 없어서 현재의 자신과 행동도 쉽게 바꿀 수 없을 것이다.

　예를 들어 소극적이고 내성적인 성격과 다른 사람보다 뒤처지는 능력이 과거의 어떤 원인에 의한 것이라면, 자신을 바꾸겠다는 생각과 의욕이 생기지 않는다. 누가 뭐라 해도 과거는 바꿀 수 없기 때문이다. 이렇게 되면 사람의 성격이나 능력은 현재 상태 그대로 바뀌지 않는다.

　하지만 인간의 행동이 미래의 목표에 따라 결정된다고 한다면, 사람은 과거에 구애받지 않고 자신을 바꿀 수 있게 된다. 즉 자신의 성격이나 능력을 더 낫게 바꾸고 싶다면 미래의 목표를 바꾸면 된다.

현재 자신이 불만스럽게 생각하는 성격이나 능력은 그럴 수밖에 없었던 부적절한 목적과 잘못된 목표 때문에 만들어진 것이다. 그러므로 자신이 바라는 성격이나 능력을 얻을 수 있도록 적절하고 올바르게 목표를 바로잡으면 된다. 그리고 목표를 향해 행동을 수정하고 실천하면서 생활하면 된다.

타인의 물건을 훔친 사람은 설령 나쁜 짓을 했어도 '내가 행복해진다면, 그걸로 됐어.'라는 잘못된 목표를 가지고 있다. 그러므로 이런 생각을 다시 수정하고 반성한 뒤에 올바른 새로운 목표를 세워야 한다.

잘 살기 위해 목표를 바르게 설정하고, 이를 실현하기 위해 행동하는 것이 중요하다.

자신의 성격이나 능력을 더 낫게 바꾸고 싶다면 미래의 목표를 바꾸면 된다.

아들러의 교훈 18

자신도 눈치채지 못한 삶의 목적이 있다

　인간의 행동은 그 사람이 가진 목적에 의해 발생하지만, 그 목적을 반드시 본인이 의식하고 있다고는 할 수 없다. 본인도 눈치채지 못한 목적도 있다.

　본인도 의식하지 못한 목적, 때로는 눈치채지 못하게 숨어 있는 억압된 목적은 유아기에 자신도 모르게 형성된 본질적인 목적이다.

본인도 눈치채지 못한 목적에 의해 행동하는 경우가 있다.
예를 들어 어떤 사람이 화를 낼 때, '이런저런 이유로 화가 났어.'라고 설명하는 경우가 있는데, 이것은 표면상의 이유에 지나지 않는다. 실은 화를 내서 상대를 위협하여 가만히 있게 하려는 '심리 조작'이라는 숨은 목적이 존재하는 것이다.

물론 본인은 눈치채지 못한다. 하지만 과거에 화가 났을 때 상대를 침묵시켜 자신에게 신경 쓰게 만드는 것에 성공한 사람은 나중에도 무의식적으로 상대의 마음을 이런 식으로 조작하려고 한다.

이처럼 그 사람이 눈치채지 못한 경우도, 그 사람 안에 숨은 목적이 있기에 행동으로 나오는 것이다.

본인도 의식하지 못한 목적, 때로는 눈치채지 못하게 숨어 있는 억압된 목적이 있다.

아들러의 교훈 19

감정에 휘둘리지 말고 감정을 이용하라

감정은 목적과 함께 우리의 행동을 일으키고 제지하는 힘을 가진다. 목적에 의해 행동을 통제할 수 없을 때, 감정이 그 역할을 맡는 경우가 있다. 감정은 적절하게 이용하면 도움이 된다.

행동을 일으키거나, 제지하거나, 방향을 결정하는 등의 요인에는 그 사람이 가진 목적 이외에 감정의 움직임이 있다. 감정은 인간을 움직이게 하거나 행동을 억누르게 하는 힘이 있다.

철학자인 장 자크 루소는 말했다.

"인간을 만든 것이 이성이라고 하면, 인간을 가르치는 것은 감정입니다."

예를 들어 좋아하는 사람에게 고백하려고 해도, 좀처럼 말을 꺼내기 힘들 때가 있다. 고백해서 잘되면 좋지만 상대가 거절하는 경우도 생각하기 때문이다. 이런 불안 때문에 주저하는 자신의 등을 떠미는 것은 상대를 좋아하는 감정이다.

감정은 자신의 행동을 제지하는 역할을 하기도 한다. 왠지 모르게 싫은 생각이 들어서 관둔 경험이 있을 것이다. 이유는 딱 잘라 말할 수 없지만 왠지 모르게 싫다, 신경 쓰인다, 위화감을 느낀다 등의 감정 때문에 행동을 멈추는 경우가 있다.

이처럼 감정은 행동을 일으키기도 하고 제지하기도 하는 힘을 가지고 있으며, 목적과 함께 중요시되는 요인이다. 단 감정에 의해 행동을 할지 안 할지를 결정하는 것은 최종적으로는 자기 자신이다. 사람은 감정을 이용해서 행동을 선택한다.

감정에 휘둘리지 말고, 감정을 이용해야 한다. 어떻게 이용할지는 자신이 결정한다. 이것을 '자기 결정성'이라고 한다.

감정에 휘둘리지 말고, 감정을 이용해야 한다. 어떻게 이용할지는 자신이 결정한다. 이것을 자기 결정성이라고 한다.

아들러의 교훈 20

목적 때문에 감정이 만들어진다

　행동을 결정하는 요인에는 목적과 감정이 있다. 그러나 이 두 가지 요인이 동등하다고 볼 수는 없다. 아들러 심리학에서는 감정보다 목적이 먼저라고 생각한다.

　예를 들어 아이의 등교 거부, 청년 은둔형 외톨이, 혹은 성인의 출근 거부 등을 우선은 감정론이 아니라 목적론으로 파악해야 한다. 즉 이와 같은 사례는 '불안해서 외출하지 않는 것이 아니라, 외출하고 싶지 않아 불안을 만들어내는 것'이라고 생각할 수 있다.

　아이나 회사원이 학교나 직장에 가면 성적과 실적, 동료와 상사와의 관계 등 다양한 불안과 위험이 발생하기 때문에 등교나 출근을 할 수 없다고 호소하는 경우가 있다. 실은 이와 같은 감정에 의해 행동이 규제받는 것이 아니라, 학교나 직장 그 자체에 가고 싶지 않다는 목적이 먼저고, 그것을 실현하기 위해 불안이라는 감정을 만들어내서 이용하는 것이다.

이는 자신이 불안하다는 것을 호소하면, 부모나 교사 혹은 동료나 상사가 자신이 말하는 것을 들어줄 것이라고 생각하는 것이다. 심지어 '~때문'이라는 원인이 아니라 '~을 하기 위해서'라는 목적에 따라 행동하는 경우에도 드러난 목적보다는 숨은 목적 때문인 경우가 압도적이다.

아이나 회사원이 학교나 직장과 관련된 불안이라는 감정을 호소하는 것은 표면적인 이유에 지나지 않고, 실은 불안이라는 감정을 어필하여 가족이나 교사 혹은 동료나 상사에게 공감과 동정을 받아 등교 거부나 은둔형 외톨이 생활 혹은 출근 거부에 대해 수용하는 기분을 이끌어내는 경우가 있다. 이것은 외출하고 싶지 않다는 목적을 위해서 감정을 이용하는 것이다.

감정을 이용하여 타인의 기분을 통제하는 사람이 있지만, 이것은 어른이 쓸 만한 방법은 아니다. 지극히 치졸한 방법이다.

따라서 이와 같은 방법을 바로잡기 위해서는 감정이 아니라 이성적으로 상대를 설득해야 한다.

상대와 이야기하고, 서로 협력하여 목적을 달성할 수 있게 해야 한다. 혹은 타인에게 의지하지 않고 자신의 힘으로 목적을 달성해가도록 하는 것이 어른스럽다.

혼자 하면 실패했을 때에 책임을 져야 하므로 타인과 함께하고 싶다거나 혹은 스스로가 아니라 타인이 해줬으면 한다는 식의 태도는 어른스럽지 못하다.

등교 거부, 출근 거부 등은 불안해서 외출하지 않는 것이 아니라, 외출하고 싶지 않아 불안을 만들어내는 것이다.

제3장

내 인생을 결정하는 건 나 자신이다

자기 결정성

아들러의 교훈 21

내 문제를 해결하는 최적의 인물은 '나'다

자기 생각이나 감정, 성격이나 가치관은 유전자에 의해 결정되기 때문에 간단하게 바꿀 수 없는 것일까?

사람은 유전적 성질이나 성장 환경을 잘 이용하여 사회에 적응하고, 사회의 일원이 되고, 사회를 바꾸는 행동을 할 수 있다. 따라서 자신의 생각하는 방법이나 성격도 바꿀 수 있다. 사람은 모든 것을 스스로 생각하고 판단하여 결정할 수 있다.

우리는 스스로의 판단에 따라 태도나 행동을 바꿔서 자신과 관련된 환경이나 조직조차도 바꿀 수 있다. 이 정도로 적극적이며 주체적인 존재다.

인생의 모든 것은 최종적으로 자기 자신이 결정한다. 이 자기 결정성은 개인의 목적을 결정하고, 그 목적을 향한 그 사람 나름의 방법, 즉 성격이라고 하는 라이프스타일을 만들어간다.

자신과 관련된 모든 사항에 대해서 스스로 받아들이고 판단하여 행동하는 자기 결정성이 일관된 사람은, 설령 그 결과가 잘 풀리지 않은 경우에도 스스로 이해하고 그것을 받아들일 수 있다. 그리고 다음에 어떻게 하면 좋은지에 대해서 주체적으로 생각한다. 이것은 결과가 잘 나왔을 경우에는 더욱 강화된다.

반면에 자기 결정성이 관여하지 않은 사항에 대해서는 설사 결과가 잘 나왔다고 해도 자신감과 자존감이 높아지지 않는다. 이 결과를 자신과 관련 없는 운이나 타인 덕분으로 돌리기 때문이다. 즉 일이 잘 풀리는 것은 어쩌다 운이 좋았기 때문에, 혹은 상사의 사전 교섭 때문이라고 생각한다. 이것은 결과가 잘 풀리지 않았을 때 더욱 강화된다.

자기 일은 스스로 결정한다는 자기 결정성이야말로 사물을 생각하고 판단할 때 중요한 점이 된다. 이것은 결과에 대한 책임감을 강하게 하고, 나아가서는 인간의 마음을 성장시킨다.

축구 선수인 혼다 게이스케는 말했다.

"무엇으로 타인이 내가 진행하는 길을 결정할 수 있을까! 내 길은 스스로 결정한다."

자신의 일을 타인이 아닌 자신이 결정한다는 사고가 왜 중요할까? 자신의 인생을 가장 잘 아는 사람은 자기 자신이다. 안고 있는 문제에 어떻게 대처하면 좋은지는 타인보다 자신이 찾는 것이 적절하다.

　한편 자신의 문제를 타인이 결정하는 상황에 익숙해지면 스스로 결단할 수 없게 된다. 자신의 인생을 스스로 통제하지 않으면 누군가에게 통제당한다. 자신의 문제를 해결하는 데 가장 적합한 사람은 자기 자신이라는 사실을 깨달아야 한다.

자신의 인생을 스스로 통제하지 않으면 누군가에게 통제당한다.
자신의 문제를 해결하는 데 가장 적합한 사람은 자기 자신이다.

아들러의 교훈 22

행복은 마음 상태로 결정된다

　인생의 행복은 대부분 자신의 마음 상태로 결정된다. 왜냐하면 자신의 경험을 잘 이해하는 것도, 나쁘게 받아들이는 것도 자기 자신에 달렸기 때문이다. 출생지나 가정환경이 인생의 행복을 결정하는 것이 아니라 자신의 마음 상태가 결정한다.

　사람은 같은 경험을 하더라도 그것에 같은 의미를 부여하지 않는다. 자신의 경험에 어떤 의미를 부여할지는 사람마다 다르고, 자신이 생활하는 환경을 어떻게 파악할지도 모두 다르다. 따라서 같은 경험을 했다고 하더라도 누구나 똑같이 생각하고 똑

같이 행동하는 것은 아니다.

  여기에 그 사람다운 개성이 나타난다. 자신이나 주변 환경에 어떤 의미를 붙일지는 최종적으로 그 사람의 마음에 달려 있다.

  인간은 경험으로 자신을 결정하는 것이 아니라, 그 경험에 어떤 의미를 부여했는지에 따라 결정한다. 경험을 잘 이해하는 것도 나쁘게 받아들이는 것도 자기 자신에 달려 있다.

  경험에 좋은 의미를 부여하면 자신에 대한 긍정적인 이해가 생겨나고 자존감이 생겨난다. 설령 좋게 풀리지 않았던 경험이라 할지라도 긍정적인 의미를 붙이면 개선의 여지도 생겨난다.

  하지만 경험에 나쁜 의미를 부여하여 원인을 자신의 태생이나 가정환경 혹은 타인이나 운 등에서 찾으려고 하면, 그 사람의 삶의 방식은 개선되지 않고 더욱 침체할 것이다. 자신이 뒤처져 있다고 느끼는 것은 이와 같은 의미 부여를 자신이 하기 때문이라고 이해하면 된다.

  이처럼 경험에 어떤 의미를 부여할지가 자기 마음 상태에 달려 있다는 것을 일컬어 자기 결정성을 가진다고 말한다. '자신의 경험에 좋은 의미를 부여하면 일이 잘 풀릴 것이라는 생각은 너무 안일하다.'라고 생각하는 것도 자신이 하는 의미 부여다.

  자신의 경험에 대해 계속해서 부정적인 의미를 부여하는 것이 자기 삶의 방식이나 태도를 좋게 만든다면 괜찮다. 하지만 그렇게 해서는 인생이 잘 풀리지 않을 것이다. 만약 자신이 바뀌지 못하면 그것은 바뀌지 않겠다고 스스로 결정했기 때문이다.

경험에 어떤 의미를 부여할지는 자기 자신의 마음 상태에 달려 있고, 이를 자기 결정성을 가진다고 말한다.

아들러의 교훈 23

인생을 난처하게 만든 것은 나 자신이다

 인생이 힘들고 고통스럽다고 느끼는 사람 중에는 자신의 힘이 미치지 못한 것에 원인이 있다고 생각하는 사람이 많다.
 예를 들어 자신이 태어나고 자란 환경 혹은 학력이 문제라서 그렇지 절대 자신에게 책임이 있다고는 생각하지 못한다. 자신 안에 문제가 있다는 것에는 생각이 미치지 못한다. 혹은 이것을 인정하려고 하지 않는다.
 자신이 아닌 다른 것으로 책임을 돌려 자신에게는 책임이 없기에 자신을 바꾸려고 하지 않는다. 여기에 힘들고 고통스러운 인생의 이유가 있다. 하지만 인생의 의미는 스스로 부여하는 것이다. 지금의 자신을 바꿀 수 있다면 인생은 난처한 것이 아니라 지극히 단순한 것이 된다.

 자신의 인생을 결정하는 것은 운과 같은 외적인 요소가 아니라 노력과 같은 내적인 요소다. 인생의 모든 것은 자기 자신이 결정했다고 받아들여야 한다. 만약 자신이 바뀌지 않는다면 그것은 바뀌지 않기로 스스로 결정했기 때문이다.
 축구 선수인 미우라 가즈요시는 말했다.
 "노력한다고 해서 반드시 꿈이 이루어지는 것은 아닙니다. 중요한 것은 결과가 좋지 않아도 다른 사람 탓으로 돌리지 않는 것 아닐까요? 나쁠 때는 무심코 다른 사람 탓으로 돌려버리는데 이는 잘못됐습니다. 자기 자신에 원인이 있는 것이지요. 승부사에게 운은 필요하지만 운보다 중요한 것이 노력입니다. 매일 꾸준하게 해온 노력이 열매를 맺어 결과가 됩니다. 이것이 쌓여서 운을 불러오죠."

인생의 모든 것은 자기 자신이 결정했다고 받아들여야 한다. 이것이 가능하다면 우리는 언제라도 인생을 단순한 것으로 바꿀 수 있다.

아들러의 교훈 24

성공도 실패도 나에게 원인이 있다

일이 잘 풀릴 때 혹은 잘 풀리지 않을 때, 그것을 어떻게 받아들이는가? 즉 일의 성공이나 실패한 원인을 어디에서 찾는가?

심리학에서는 인간의 성공이나 실패를 받아들이는 방법에 관해서 제시하는 하나의 분류 모델이 있다. 이것은 성공이나 실패를 무엇에 귀속시킬 것인가, 그 방향성에 따라서 두 가지 종류로 나뉜다.

하나는 '내적 귀속'으로, 성공이나 실패한 원인을 능력이나 노력과 같은 그 사람 내부에서 찾는 것이다. 또 다른 하나는 '외적 귀속'으로, 성공이나 실패한 원인을 과제의 난이도나 운과 같은 그 사람의 외부에서 찾는다.

이 모델에 따르면 사람이 성공했을 때의 이유를 내적 귀속에서 찾으면, 성공한 원인을 자신의 능력 덕분이라고 해석하게 되고 다음 행동에 대한 기대와 가치가 높아지고 의욕 또한 커지게 된다.

또한 실패했을 때의 이유를 내적 귀속에서 찾으면, 실패한 원인을 자신의 노력이 부족했기 때문이라고 해석하여 이것 역시 다음 행동에 대한 의욕을 높인다.

한편 성공했을 때의 이유를 외적 귀속에서 찾으면, 성공한 원인은 과제가 쉬웠기 때문이라고 해석하게 되고 다음 행동에 대한 의욕이 저하된다. 또한 실패한 원인을 운이 나빴기 때문이라고 해석하면 이것 역시 다음 행동에 대한 의욕을 저하시킨다.

즉 행동의 결과를 자기 이외의 것으로 하기보다 자신의 탓으로 돌리면, 다음 행동에 대한 의욕이 높아진다. 이것을 정하는 것은 자기 자신이다. 바로 이것이 자기 결정성이다.

우리는 자신의 인생을 스스로 만들어가야만 한다. 자신이 한 행동의 결과는 스스로 책임을 져야 한다. 왜냐하면 우리는 자기 자신이 하는 행동의 주인이기 때문이다.

자기 결정성은 자기 자신에 대한 엄격함과 책임감을 요구한다. 따라서 성공한 경우는 물론이고, 설령 실패한 경우에도 결과를 수용하고 받아들이면 이후에 자신의 행동이나 생활 방식을 개선할 수 있게 된다.

생활 속에 발생하는 다양한 결과를 타인의 탓으로 돌리지 말고, 자신의 책임으로 받아들일 수 있다면 당신의 인생과 인간관계는 크게 호전될 것이다. 어떤 결과가 나왔든 그 책임은 자신에게 있으며, 자신이 내린 판단의 관점을 외부 요인에서 자신의 내부 요인으로 이동해야 한다. 이것이 더 나은 인생을 살기 위한 한 방법이다.

생활 속에 발생하는 다양한 결과를 타인의 탓으로 돌리지 말고, 자신의 책임으로 받아들일 수 있다면 당신의 인생과 인간관계는 크게 호전될 것이다.

아들러의 교훈 25

인생을
복잡하게 생각하지 마라

  과거에 일어난 일이나 운으로 원인을 돌려 인생을 난처하게 하지 말고, 인생에 대해서 자신을 받아들이는 방법을 바꾸면 고통스러운 인생에서 벗어날 수 있게 된다.

  자신의 인생은 자신이 만들어가는 것이다. 인생의 주인공이 자기 자신이라는 사실을 알면 사람은 스스로 움직일 수밖에 없다고 생각하게 된다.

  즉 인생을 단순한 것으로 받아들일 때, 그 사람은 인생의 주인공이 되고 자발적인 행동을 할 수 있다. 인생을 복잡하게 생각하지 말고 단순하게 생각하라. 이것이 자신의 인생을 바꿔가는 비결이다.

하려고 마음먹은 일을 해낸다면, 상황은 바뀔 수 있다. 스스로 생각하고, 결정했다면 우선은 할 수 있는 것부터 시작해본다.

애플사의 공동 설립자인 스티브 잡스는 말했다.

"사물을 단순하게 만들기 위해서는 열심히 노력해서 사고를 명확하게 만들어야 합니다. 이것만으로도 가치가 있습니다. 왜냐하면 한 번 거기에 도달할 수 있다면, 어떤 일도 할 수 있기 때문입니다."

사람은 항상 자신의 상황에 대해서 능동적으로 응답하며 살아가는 존재다. 자기 힘으로 상황을 개척하여 살아가는 능력이 있다. 어떤 상황에서도 자신의 생활 방식을 선택하여 결단하는 자유 의지, 즉 자기 결정성이라는 능력을 갖추고 있다.

이처럼 인간은 자신의 인생의 주인공이기 때문에 언제라도 자신을 바꿀 수 있다. 성격도 바꿀 수 있다. 이미 어른이기 때문에 성격을 바꿀 수 없다고 생각하는 것은 경솔한 생각이다. 인간은 자기 자신을 바꿀 수 있을 뿐만 아니라, 행동으로 상황을 바꾸는 것도 가능하다.

스스로 자신의 인생을 만들고 있다는 것을 강하게 의식해야 한다. 자신이 인생의 주인공임을 알았을 때, 스스로 움직일 수밖에 없다는 것을 깨닫게 된다. 인생의 과제가 지금까지 잘 풀리고 있다고 생각한다면 그것은 당신 자신이 그렇게 행동했기 때문이다.

인생을 복잡하게 생각하지 말고 단순하게 생각하라. 이것이 자신의 인생을 바꿔가는 비결이다.

아들러의 교훈 26

억지로 내린 판단도 내 책임이다

    타인이 강요하여 내린 판단도 최종적으로는 자신이 수긍하고 동의한 것이기 때문에 자신의 판단이다. 스스로 결단한 것은 스스로 책임져야 하고 타인의 탓으로 돌리면 안 된다.

    자신의 인생은 부모에게서 물려받은 유전자나 자라온 가정환경, 학교나 직장 등에 영향을 받았다고 할 수 있다. 이와 같은 요인이 당신의 인생을 움직이고 있다는 사실은 부정할 수 없다. 하지만 이것 이상으로 커다란 영향을 주는 것은 자신이 지금까지 내렸던 수없이 많은 판단과 결단이다. 이것은 당신 자신이 자발적이고 자주적으로, 자기 결정성에 의해 내린 것이다.

'자신이 내린 결단에는 스스로 판단하여 행동했던 것도 있지만, 부모나 선생님 혹은 상사가 요구해서 마지못해 했던 경우도 있어서, 전부 자발적이고 자주적이라고는 할 수 없다.'라고 반론하고 싶은 사람도 있을 것이다. 하지만 타인이 요구한 것도 최종적으로 자신이 받아들이고 동의했기 때문에 스스로 판단하여 행동했다고 할 수 있다.

누군가 타인에게 받은 지시 때문에 결정했다고 한다면, 이는 판단한 결과에 대한 책임을 회피하려고 하는 것이다. 계속해서 이렇게 행동한다면 시간이 아무리 지나도 자립한 사회인이 되지 못한다.

적어도 철이 든 후에는 자신의 인생에 대해 책임을 져야만 하고 사회도 그것을 요구한다. 최종적으로는 어떤 학교에 진학할지를 결정한 것도 자신, 현재의 회사를 선택한 것도 자신, 가업을 잇기로 한 것도 자신, 결혼 상대를 선택한 것도 자신이다.

그러니 만약 당신이 현재 상황이 싫고 받아들일 수 없다고 생각한다면, 지금부터라도 회사나 가업을 그만둔다거나, 배우자와 헤어지겠다는 결단을 내리면 된다. 그 선택권을 당신이 가지고 있다. 어떻게 할지는 당신 자신이 책임 지고 결정할 수 있다.

타인이 요구한 것도 최종적으로 자신이 받아들이고 동의했기 때문에 스스로 판단하여 행동했다고 할 수 있다.

아들러의 교훈 27

미래의 결정권도 나에게 있다

  무언가를 선택하는 결정도 자신, 선택하지 않는 결정도 자기 자신이 한 것이다. 이렇게 말하면 어쩐지 머리가 무거워지는 기분이 들지만 관점을 바꾸면 이것만큼 자유로운 것도 없다. 자신의 판단과 행동은 다른 누구도 아닌 자기 자신이 결정한다. 자기 결정성은 인간으로서의 자유에 바탕을 둔 것이다.

  물론 자기 결정에는 책임이 따르지만, 스스로 판단하고 내린 결정이라면 그 결과가 어떻게 되더라도 이해하고 받아들일 수 있다. 그리고 다음 목적을 생각하여 그것을 향해 새로운 행동을 할 수 있다.

불가능한 것은 없다. 인간은 어떤 것이라도 할 수 있다. 한 사람 한 사람이 가진 결정성은 인간으로서의 자유를 말하는 것으로 생각해도 좋다.

인간은 자신의 목적에 의해 행동을 결정하기 때문에 언제라도 자신의 의지로 자기 자신을 바꾸는 것이 가능하다. 프로이트의 주장대로 인간의 행동이 과거의 경험으로 결정되는 것은 아니다. 과거의 원인은 자신의 문제를 '해설'해주지만, 결코 '해결'해줄 수 없다.

자신의 의사로 과거를 바꾸는 것은 불가능하지만, 미래의 목적은 바꿀 수 있다. 목적 자체를 수정해서 그에 맞는 행동을 취해가면 된다. 현재 자신이 안고 있는 문제를 이제 와서 어떻게 할 수 없다고 생각하는 것은 원인론이다. 목적을 다시 생각하고 행동을 다시 선택하면 문제 해결의 실마리를 찾을 수 있다.

불가능한 것은 없다. 인간은 어떤 것이라도 할 수 있다. 한 사람 한 사람이 가진 자기 결정성은 인간으로서의 자유를 나타내는 것으로 생각해도 좋다.

아들러의 교훈 28

타인의 마음은 조작할 수 없다

과거를 바꾸는 것은 불가능하고, 자기 이외의 타인을 바꾸는 것은 어렵다. 인간은 때로는 자신을 위해서 혹은 목적을 위해서 타인을 조작하고 바꾸려고 한다. 이때 그 사람을 위해서 그 사람을 바꾸려고 하는 것은 아니다. 자신을 위해서다.

사람들은 '이 사람이 내 생각대로 생각하고, 내가 바라는 대로 행동해준다면 좋을 텐데.'라고 생각한다. 이럴 때는 거짓말을 하거나, 속이거나, 유도하거나, 부추기거나, 일부러 친절하게 행동한다. 바로 인간의 마음을 조작하려는 행동이 나오는 것이다.

이렇게 해서 잘 풀리는 경우도 있겠지만, 원하는 대로 간단하게 되지 않는 경우도 많다. 그렇게 되면 상대를 조작하는 다른 방법을 생각해 실행하게 된다. 하지만 언제까지고 이런 행동을 계속할 수는 없다.

이런 행동은 상대와의 인간관계에 좋은 영향을 줄 리 없고, 언젠가는 관계를 망쳐버리고 만다. 더욱이 이런 행동을 계속해서 한다면, 자기 자신의 마음의 건강함을 잃어버리게 될 것이다.

건강한 인간은 상대를 바꾸려고 하지 않고 자신을 바꾸지만, 건강치 못한 사람은 상대를 조작하여 바꾸려고 한다. 우리는 타인의 마음을 간단히 조작하지 못한다는 것을 깨달아야 한다. 그렇지 않으면 자기 자신이 피폐하게 망가진다. 타인을 바꾸는 것이 아니라 자신을 바꿔야 한다. '공동체 감각'에 따라서 말이다. 이것이 건강한 인간이 취해야 할 자기 결정성이다.

이것에 의해 상대와의 신뢰 관계를 다시 만들어갈 수 있다. 이것이 결과적으로는 상대가 바뀌는 계기가 될 것이다.

한편 이와 같은 자기 결정이 불가능한 사람은 어떻게 해도 과거에 집착하게 되고 타인을 나쁜 사람으로 몰아가면서, 자신은 항상 피해자라고 생각하는 경향이 있다. 자신은 나쁘지 않기 때문에 자신이 바뀔 필요는 없다고 생각한다.

따라서 스스로 적극적인 행동을 취할 필요성을 못 느낀다. 결과적으로 자신의 인생도 절대로 바뀌지 않는다.

타인의 마음은 간단하게 조작할 수 없다는 것을 깨달아야 한다. 상대의 마음을 조작하는 것을 고집하고 계속한다면 머지않아 자기 자신이 피폐해지고 망가진다는 점을 각오해야 한다.

우리는 타인의 마음을 간단히 조작하지 못한다는 것을 깨달아야 한다. 그렇지 않으면 자기 자신이 피폐하게 망가진다.

제4장

타인을 위해 무언가 해야 한다

공동체 감각

아들러의 교훈 29

주위를 좋게 만드는 판단이 있다

 아들러 심리학에서는 어린 시절부터 공동체 감각을 익히는 것을 중시한다. 그것은 인간의 행동이나 이것을 지탱하는 마음의 움직임이, 태어난 이후 사회와의 관계 속에서 만들어진다고 생각하기 때문이다.

 인간이 사회에 적응하기 위해서는 타인과의 관계를 잘 만들어가야 하는데, 이것을 지탱하는 것이 공동체 감각이다. 공동체 감각이란 자신뿐만 아니라 소속된 공동체의 사람들이 혹은 공동체 그 자체가 더욱 좋아지는 판단이나 행동을 하려는 가치관을 말한다.

부모나 형제자매, 혹은 아내나 남편, 그리고 아이는 자신에게 가장 가까운 공동체 일원이다. 가족 공동체 외에 친구나 직장 동료와 같은 친밀하고 협력적인 공동체가 있고, 또 그 주변을 지역 사회나 국가라는 커다란 공동체가, 나아가면 인류나 지구라는 거대한 공동체가 둘러싸고 있다.

미래의 공동체를 여기에 더하기도 한다. 궁극적으로는 이런 공동체를 포괄하는 '전 인류의 이상적인 공동체'를 설정할 수 있다. 따라서 공동체 감각은 인류 전체를 포괄하는 이상 사회에 공헌하는 가치관이라는 것이 가장 넓은 정의가 된다.

우리는 이런 다양한 공동체에 직접적 혹은 간접적으로 소속되어 있고, 스스로 공동체 감각을 기르고 적응해가고 있다. 올바른 공동체 감각을 익히면, 자신의 문제를 해결할 실마리를 찾을 수 있고 공동체에 잘 적응할 수 있게 된다.

우리의 과제는 올바른 공동체 감각을 익히는 것이다. 이것이 가능해지면 우리가 안고 있는 문제 대다수를 해결할 수 있다.

아들러의 교훈 30

타인을 위하는 사람은 자신을 좋아한다

공동체 감각을 익히면 인간은 자신을 긍정적으로 평가하고 타인과의 신뢰 관계를 지키며 사회에도 공헌한다고 느낀다. 그 결과 공동체에 대한 소속감도 강해진다.

공동체 감각을 익힌 사람은 자신을 좋아하고, 타인을 신뢰할 수 있다고 느끼며 누군가를 위해서 도움이 되고 싶다고 생각한다. 이것이 그 사람의 행복을 만들어낸다.

공동체 감각을 익힌 사람은 자신의 이익을 위해서만이 아니라, 타인의 이익과 조직이나 사회에 이익이 되는 행동을 한다. 사람은 사회 속에서 타인과 함께 생활하고 그 속에서 일정 역할을 맡아 활동한다. 이것으로 타인이나 사회에 공헌하고 스스로 행복감을 얻는다.

영화배우이자 감독인 찰스 채플린은 말했다.
"우리는 모두, 서로 돕고 있다고 생각합니다. 인간이란 그런 것이지요. 상대의 불행이 아닌, 서로의 행복에 의해 살아가는 것입니다."

공동체 감각을 익히지 않은 사람은 자신의 이익만을 생각해서 행동한다. 혹은 자신에게 이익이 될 때만 타인과 함께 행동하려고 한다. 도리어 타인을 이용하려고도 한다.

이렇게 되면 당연히 타인에게 신뢰를 얻기 어렵다. 이런 사람은 사회에서 고립될 수밖에 없어서, 안정된 소속감을 얻을 수 없다.

공동체 감각이 부족한 사람은 타인과의 관계에 문제가 생기고, 타인과의 신뢰 관계나 사회적 공헌 등의 감각을 얻을 수 없다. 따라서 행복감을 느끼는 것도 어려워진다.

공동체 감각을 익히면 인간은 자신을 긍정적으로 평가하고 타인과의 신뢰 관계를 지키며 사회에도 공헌할 수 있다고 느낀다.

아들러의 교훈 31

인생의 의미는 '공헌'에 있다

"만약 언제나 타인을 위해 자신을 바친다면, 자신의 개성이 없어지는 것은 아닐까? 무엇보다 자기 자신의 이익을 지키고 자기 개성을 강화해야 하는 건 아닐까?"

이와 같은 생각은 틀렸다.

만약 파트너의 인생을 안락하고 풍족하게 해주고 싶다고 생각한다면, 당연히 이에 맞게 자기 자신을 바꾸려고 한다. 즉 타인이나 사회에 진심으로 공헌하고 싶다면, 반드시 자신을 더욱 좋게 바꾸려는 노력을 할 것이다. 즉 타인이나 사회에 공헌하려는 시도에는 항상 자기 자신을 바꾸는 것이 포함되어 있다.

타인이나 사회에 공헌한 결과로 남아 있는 것은 모두 우리 생활에 도움이 되는 것이다. 경작지, 길, 건물, 곡식, 옷 그리고 철학, 예술, 과학, 기술 속에서 지금도 우리는 그것을 볼 수 있다. 이것 모두는 인간의 행복에 공헌한 인간이 우리에게 준 것이다.

발명가인 토머스 에디슨은 말했다.

"우리의 발명은 모두 인간에게 도움이 되는 것이었으면 합니다. 그리고 세계의 평화에 공헌하는 것이었으면 합니다."

인생의 의미는 공헌, 즉 타인이나 사회의 관심과 협력에 있다. 공헌이 가족과 조직, 그리고 사회를 움직인다. 동시에 자기 자신을 개선한다. 즉 공헌은 자기 개혁을 동반한다.

타인이나 사회에 진심으로 공헌하고 싶다면, 반드시 자신을 더욱 좋게 바꾸려는 노력을 할 것이다.

아들러의 교훈 32

공동체 감각은 생각만으로 길러지지 않는다

 인간이 마음의 안정을 얻기 위해서는 우선 자신이 주로 생활하는 집단이나 사회(가족, 동료, 직장, 지역사회 등)의 일원이라는 점을 명확하게 깨닫는 것이 중요하다. 이른바 소속감을 느끼는 것이다. 이 소속감을 느끼면 우리는 자신의 주변 사람이나 사회와 협조해가는 공동체 감각을 강하게 만들 수 있다.
 공동체 감각은 누구나 태어날 때부터 가지고 있는 잠재적인 감각이지만 내버려두면 자라지 않는다. 의식하여 길러야만 한다. 머릿속에서 생각하여 익히는 것이 아니라, 사람과의 관계를 맺고 사회와 어울리면서 익힐 수 있다. 본인 그리고 주변 사람이

함께 의식하여 기르지 않으면 공동체 감각을 익히는 것은 불가능하다.

축구 선수인 지네딘 지단은 말했다.
"가장 중요한 것은 타인을 존중하는 것입니다. 어린 시절 아버지에게 늘 다른 사람을 존경하라는 말을 들었습니다. 지금까지 나는 계속 이 가르침을 지키기 위해서 행동해왔습니다. 동료와 축구 경기를 할 때도 마찬가지입니다."
어린 시절부터 타인을 존경하는 경험이 지단의 공동체 감각을 자라게 했다.

공동체 감각을 익히지 않은 사람은 설령 '나만 괜찮다면 다른 사람은 어떻게 되든 상관없어.'나 '나를 위해서 다른 사람을 조종해도 좋아.' 혹은 '미래보다 현재의 내가 더 중요하지.'라고 자신의 이익만 생각하고 행동하려고 한다. 이것을 심리학에서는 '사적 논리'라고 한다.

한편 공동체 감각을 익힌 사람은 설령 '가족을 중요하게 생각하자.'라거나 '다른 사람에게 도움이 되고 싶어.' 혹은 '더욱 좋은 세상을 만들어가자.'라고 자신이 어떤 행동을 하려고 할 때 주변 사람에게 어떤 영향을 미칠 것인지 생각하여 결정한다.

이와 같은 공동체 감각은 유아기부터 의식하고 길러야 한다.

그래서 공동체 감각을 기르기 위해서는 부모나 교사가 맡은 역할이 크다고 할 수 있다. 하지만 아동기를 지나면 자신이 스스로 의식하고 길러야 한다.

공동체 감각은 누구나 태어날 때부터 가지고 있는 잠재적인 감각이지만 내버려두면 자라지 않는다.

아들러의 교훈 33

타인을 위하는 감각을 익혀야 한다

 자신을 위해서가 아니라 타인을 위해서 자신이 할 행동을 결정하는 것을 공동체 감각이라고 한다. 공동체 감각은 상식이라기보다 공공장소에서의 질서유지에 관한 것이며, 공동체가 좋다고 생각하는 보편적인 가치관을 말한다.
 공동체 감각은 상식과 반드시 일치하지는 않는다. 예를 들어 아이가 학교에 가는 것은 세상의 상식이지만 만약 따돌림을 당하고 있다면 학교에 당연히 가야 한다고 볼 수는 없다. 오히려 이런 경우는 학교에 가지 않게 하는 것이 나을 수도 있기 때문이다.
 공동체 감각의 반대 개념은 사적 논리다. 이것은 자신은 좋다고 여기지만, 공동체에서는 좋게 생각하지 않는 것이다.

사적 논리에서 공동체 감각으로 진화해가는데, 이는 실생활에서 체험하면서 만들어가며, 반복된 연습으로 익힌다.

자신을 위해 하는데 마치 다른 사람을 위해서 하는 것처럼 보이는 행동은 공동체 감각에 의한 것이 아니다. 자신의 행위가 진짜로 상대를 위하고, 공동체의 이익이 되어야 공동체 감각이다.

자신을 위해서가 아니라 타인을 위해서 자신이 할 행동을 결정하는 것을 공동체 감각이라고 한다.

아들러의 교훈 34

공동체 감각을 얻으면 행복한 마음이 된다

 사람을 믿고 의지한다, 사람에게 도움이 된다, 사람과 교류한다고 느끼는 감정을 신뢰감, 공헌감, 소속감이라고 부른다. 공동체 감각을 구성하는 주요 세 가지 감각은 바로 신뢰감, 공헌감, 소속감이다.
 공동체 감각이란 타인은 나를 도와주고, 나는 타인에게 공헌하며, 스스로 공동체의 일원이라고 느끼는 감각이다. 타인이 나를 도와준다고 신뢰하고, 그래서 나도 타인을 위해서 공헌할 수 있다고 느낀다. 이 결과로 공동체의 일원이라는 소속감을 느끼게 된다.

인간은 공동체에 자신이 소속되는 것을 목적으로 한다. 혼자서는 살아갈 수 없기 때문이다.

소속되기 위해 공동체의 구성원을 신뢰하고, 구성원에게 도움이 되어야 한다. 인간을 믿고 의지한다, 인간에게 도움이 된다, 인간과 교류한다는 신뢰감, 공헌감, 소속감으로 공동체 감각을 가지면 공동체의 일원으로서 안정되게 생활할 수 있다.

이 세 가지 감각은 서로 연결되고 서로 영향을 받는다. 이 연결이 잘 되면 공동체 감각은 활발하게 움직여서 집단에 더 잘 적응할 수 있게 된다. 하지만 연결이 잘 안 되면 공동체 감각이 부족하여 집단에 적응하기 힘들어진다.

공동체 감각은 그 사람의 마음 상태가 건전한지 아닌지를 나타내는 지표가 된다.

정신이 건강한 사람은 '다른 사람이 나에게 무엇을 해줄까가 아닌, 내가 다른 사람에게 무엇을 해줄 수 있을까?'를 생각한다.

미국의 제35대 대통령인 존. F. 케네디는 말했다.

"국가가 당신을 위해서 무엇을 할 수 있는지 묻기 전에 당신이 국가를 위해서 무엇을 할 수 있는지 생각하라."

이것은 공동체 감각을 나타내는 말이다.

신뢰감, 공헌감, 소속감이라는 공동체 감각이 건전하게 연결되고 충만했을 때, 우리의 마음은 건전한 상태가 되고 행복을 느낄 수 있다.

공동체 감각이란 타인은 나를 도와주고, 나는 타인에게 공헌하며, 스스로 공동체의 일원이라고 느끼는 감각이다.

아들러의 교훈 35

신뢰감이
공동체 감각의 바탕이 된다

 올바른 공동체 감각은 '스스로 판단하기에, 또 타인들이 평가하더라도 신뢰할 수 있는 존재다.'라는 신뢰감에서 생겨난다.
 자기 신뢰감 혹은 타인 신뢰감은 공동체 감각의 축이 되는 감각이다. 이 감각은 자신이나 주변 사람의 일관된 판단이나 행동에서 생겨난다. 즉 자기가 내린 판단이나 행동에 대해서 주변 사람이 어떤 태도나 행동을 보여줄지 예측할 수 있어서 그 상대에 대한 신뢰감이 생기는 것이다. 상대의 태도나 행동이 수시로 변한다면 그 사람에 대해 신뢰감은 생기지 않는다.

인간이 보이는 태도나 행동의 일관성은 그 사람의 성격과 관련이 있다. 사물을 받아들이는 방법이나 생각하는 방법이 이유 없이 바뀌는 사람, 기분이나 감정의 변화가 심한 사람은 상대에 대해서 일관된 태도나 행동을 취할 수 없다. 당연히 이와 같은 사람은 신뢰할 수 없다.

인간이 보이는 태도나 행동의 일관성은 그 사람의 대인 관계를 취하는 방법과도 관련이 있다. 인간에 대한 신뢰감은 상대와 직접 만나 커뮤니케이션을 하거나 서로 생활하며 이해하는 것에서 생겨난다. 간접적인 커뮤니케이션만으로는 신뢰감이 자라지 않는다.

또한 인간이 보이는 태도나 행동의 일관성에는 그 사람이 소속된 사회나 문화도 영향을 준다. 사회의 습관, 상식, 매너나 규칙 등 사회적 혹은 문화적인 기반에 대한 신뢰가 개인의 타인에 대한 태도나 행동의 일관성에 반영된다고 할 수 있다. 소속된 사회가 크게 혼란스럽다면 그 기반에 대한 신뢰는 저하되고 사라져서 타인에 대한 태도나 행동의 일관성도 사라진다.

그러므로 소속된 사회의 안정성은 사회에 대한 신뢰를 증가시키고 사람에 대한 태도나 행동의 일관성을 보장한다.

앞에 제시한 문장들에서 '사회'를 '회사'나 '가정'으로 바꾼다 해도 마찬가지다.

올바른 공동체 감각은 '스스로 판단하기에, 또 타인들이 평가하더라도 신뢰할 수 있는 존재다.'라는 신뢰감에서 생겨난다.

아들러의 교훈 36

인간은 필요한 존재가 되고 싶어 한다

 공헌감은 공동체 속에서 일정 역할을 맡으면서 자신이 필요한 존재라고 느끼는 감각을 의미한다. 인간은 타인에게 도움이 되고 싶다, 타인에게 필요한 존재가 되고 싶다는 욕구를 가지고 있다. 이 욕구를 채워서 인정받고, 좋은 평가를 받는 인간이 되고 싶어 한다.

 타인에게 자신이 둘도 없는 소중한 존재로 받아들여진다면 상대가 설령 한 사람이라고 해도 살아가면서 커다란 즐거움이 되고 힘이 될 것이다. 자신이 이 세상에 존재하는 의미가 있고, 공헌하는 존재라고 생각했을 때, 인간은 행복하다고 느낀다.

이처럼 사회에 공헌하고 있다는 느낌은 자신감과 자기 신뢰감과도 연결된다. 직장 안에서 자신이 맡은 일을 하고 일정 성과를 올린다, 자기 일이 타인의 일에도 도움이 된다, 새로운 기획을 제안하고 상사에게 좋은 평가를 받는다. 이런 경험은 그 사람의 공헌감을 강하게 하고 공동체 감각을 높인다.

가정에서도 직장에서도 공헌감을 확인하고 강하게 하는 것이 공동체 감각을 기르는 데 중요하다. 이런 의미에서 부모와 상사의 역할은 크다.

요즘에는 가정에서 아이가 가사에 참여하는 기회가 많이 줄었다. 식사 준비나 식사 후의 정리, 방이나 마당 청소, 심부름 등 가정에서 필요한 일 중에서 아이가 일정의 역할을 맡을 기회가 적다. 따라서 아이는 가정에서의 일을 통해 얻을 수 있는 '나도 할 수 있고, 가족에게 도움이 되는구나.'라는 공헌감을 경험할 기회가 드물다.

직장에서는 각각의 업무상 역할이 정해져 있다. 직원이 맡은 역할이나 달성한 성과에 관해서 상사와 회사 측에서 평가를 적절하게 내리는 것이 공헌감을 강하게 한다.

그 평가는 직원의 일에 임하는 자세나 태도, 달성한 성과에 대해서 감사나 기쁨을 전하는 방식으로 하는 것이 좋다.

"잘했어요."라고 칭찬하는 것이 아니라 "고마워요."나 "덕분에 살았어요."라고 감사의 마음을 전하는 것이다. 감사받는 기쁨을 체험하면 인간은 스스로 일을 진행하여 공헌하기 위해 더욱 노력한다.

인간은 타인에게 도움이 되고 싶다. 타인에게 필요한 존재가 되고 싶다는 욕구를 가지고 있다.

아들러의 교훈 37

진정한 공헌감은
스스로 느끼는 것이다

 상사나 회사에서 용기 부여를 받지 못하면, 자신이 이 직장에서 도움이 되는지 아닌지, 공헌하고 있는지 아닌지를 확인하는 것이 어렵다. 이렇게 되면 직장에서 자신의 존재, 이른바 정체성을 만들어가기 어렵다.

 공동체 감각에서 공헌감은 '나는 이런 인간이다.'라는 정체성 형성에 도움이 되는 감각이다. 타인에게 받은 용기로 인간은 자신이 사회에 어떻게, 어느 정도 공헌하고 있는지 알 수 있다.

 정체성을 명확하게 가졌는지 아닌지는 가정이나 직장에서의 개인 활동에 큰 영향을 준다. 명확한 정체성은 그 사람이 사건을 받아들이는 방법이나 판단하는 방법, 그리고 행동을 취하는 방법을 더욱 명확하게 만든다. 따라서 직장에서 상사나 동료의 용기 부여는 개인의 정체성 형성과 관련이 있고 직장에서의 활동에도 영향을 준다는 점을 잊지 말아야 한다.

공헌감은 타인이 주는 용기로 확인할 수 있고, 더욱 강해진다. 이것은 사실이지만 반드시 타인에게 인정받는 것이 필요하지는 않다. 공헌감은 자기만족이어도 좋다.

진정한 공헌감은 타인에게 인정받지 않아도 설령 아무도 자신의 행위를 신경 쓰지 않아도 '내가 한 것은 누군가에게 도움이 됐어.'라고 스스로 느끼면 된다.

자신이 도움을 주고 있다고 실감하기 위해서 타인에게 인정받고 칭찬받는 것이 꼭 필요하지는 않다. 공헌감은 자기만족이어도 좋다.

아들러의 교훈 38

자기중심적이면
소속감을 느낄 수 없다

　우리 사회에는 등교를 거부하는 아이, 은둔형 외톨이 청년, 회사에 나가지 않는 회사원, 술이나 도박에 의존하는 사람, 그리고 정신이 아픈 사람 등 다양한 문제를 안고 살아가는 사람이 있다. 가족이나 사회에도 원인이 있지만 이런 사람들에게 나타나는 공통점을 보면 공동체 감각이 대체로 부족하다.

　이런 사람은 무엇보다도 자신을 우선해서 생각한다. 자신의 이익, 자신의 안위, 그리고 자신의 세계를 중요하게 여기고, 이것을 고집하고 지키려고 해서 타인의 개입을 받아들이지 않는다. 그들은 극히 자기중심적인 세계를 가지고 있으며, 타인을 받아들이지 않는 완고함을 가지고 있다.

타인보다 자신을 우선하는 그들은 상대와의 관계를 '타인은 나를 도와주는 존재라고 생각하지 않는다. 오히려 나를 위협하는 적이다.'라고 생각한다. 당연히 자신이 상대에게 공헌하는 것은 생각하지 않는다. 결국 그들은 공동체에 대한 소속감을 느낄 수 없고, 고립되어 있다고 느낀다. 이런 고립감을 보상하기 위해서 각종 문제 행동이나 정신질환을 일으킨다.

그러면 이와 같은 사람은 어떻게 하면 좋을까? 이 물음에 대해서는 건전한 공동체 감각을 얻는 것이라고 대답할 수밖에 없다. 건전한 공동체 감각을 얻을 수 있다면 자신의 문제나 질병을 해결할 수 있다.

타인보다 자신을 우선하면 상대와의 관계를 '타인은 나를 도와주는 존재라고 생각하지 않는다. 오히려 나를 위협하는 적이다.'라고 생각한다.

아들러의 교훈 39

관계가 끊어진 인생이 가장 나쁘다

　부모와 교사에게 "따돌림당해서 학교에 가고 싶지 않아요."라고 하며 "따돌림이 없으면 학교에 갈 수 있는데……."라고 자신에 대한 이해를 요구하는 아이의 예를 보자.

　또한 업무를 잘하지 못하는 사람이 가족이나 회사에다 "몸이 약해서 생각한 만큼 일을 할 수 없어요.", "그게 아니면 일을 잘할 수 있을 텐데……."라고 자신에 대한 이해를 요구하는 경우도 비슷하다.

　이런 경우 일의 당사자는 '~해서 ~할 수 없어.'라는 방식으로 자신의 상황을 과거의 원인으로 설명하고 '그래서 내가 나쁜 것이 아니야.'라고 생각한다. 하지만 이런 경우에는 대개 '학교에 가고 싶지 않다.'거나 '일을 하고 싶지 않다.'라는 목적이 그 사람 내부에 숨어 있다. 그들에게는 학교나 회사에 대한 소속감이 없는 것이다. 신뢰하는 타인도 없다고 느낀다. 일반적으로 그들의 공동체 감각은 낮다고 봐야 한다.

그들에게 건전한 공동체 감각이 있었다면 학교나 사회에 소속되었을 것이다. 그러나 공동체 감각이 낮아서 소속감을 가지지 못했고 그 열등감을 보상하기 위해서, 또 자신의 존재감을 드러내고 싶어 하면서 문제 행동이나 정신 질환이 나타난 것이다.

이것으로 그들이 얻는 것은 진정한 의미의 소속이 아니다. 타인과 관계를 맺고, 공동체 일원으로서 느끼는 소속이 아니기 때문이다.

그런데 만약에 "일에서 실패한 적은 없었습니다. 일하지 않았으니까요."라거나 "인간관계로 고민한 적은 없어요. 사람과의 관계를 맺지 않으니까요."라고 말하는 경우가 있다면 그 사람의 인생은 최악이다.

물론 일에 실패하고 싶지 않다면 일을 하지 않으면 된다. 인간관계에서 좋지 않은 생각을 하고 싶지 않다면 누구와도 사귀지 않고 홀로 있으면 된다. 하지만 그러면 과연 살아 있는 것이라고 할 수 있을까?

공동체 감각을 가지지 못하면 그 사람은 공동체 안에는 존재하지 않는 것과 마찬가지이다.

인간관계에서 좋지 않은 생각을 하고 싶지 않다면 누구와도 사귀지 않고 홀로 있으면 된다. 하지만 그러면 과연 살아 있는 것이라고 할 수 있을까?

아들러의 교훈 40

더 큰 집단의 이익을 생각하라

아무리 완전한 인간일지라도 공동체 감각을 기르고 충분히 실천하지 않으면 성장하지 못한다. 그렇다면 공동체 감각을 익히기 위해서는 어떻게 해야 할까?

상대의 입장에서 그 사람의 마음을 아는 방법이 기본이라고 답할 수 있다. 자신이 이와 같은 행동을 하면 상대가 어떻게 받아들일지, 또는 어떤 일이 발생할지에 대해 언제나 생각하면서 결정하는 것이다.

스티브 코비는 말했다.

"인간관계에 대해서 내가 지금까지 배운 가장 중요한 교훈을 요약하면, 우선 상대를 이해하도록 노력하고, 다음에는 자신이 이해받을 수 있게 하라는 것이다. 이 원칙이 인간관계에서 효과적인 커뮤니케이션의 열쇠가 된다."

상대의 기분을 상상하여 생각하지 못하고, 자기 생각만으로 행동해버리면 문제 행동이나 정신 질환을 개선할 수 없다. 자기 생각만으로 집착하는 스토커 같은 미숙한 자기애 소유자가 여기에 해당한다.

공동체 감각을 익히기 위해서는 머릿속에서 생각하는 것만이 아니라 자신이 취할 행동 하나하나에 대해 '이 판단은 자신뿐만 아니라 다른 사람에게도 이익이 될 것인가?', '이 행동은 자신뿐만 아니라 상대의 이익도 될까? 아니면 자신이 소속된 조직이나 사회에 이익이 될까?'라고 더욱 큰 공동체의 이익이 될지 아닐지를 생각하고 실행하는 것이 중요하다.

행동으로 실천하기 시작하면 공동체 감각은 의미 있는 것이 된다.

공동체 감각을 익히지 않은 사람은 자신의 행동이 자신 이외의 사람 혹은 공동체에 어떤 영향을 미칠지를 생각하지 않고 자신의 이익만 추구한다. 하지만 공동체 감각을 익힌 사람은 자신의 이익뿐만 아니라 더욱 큰 공동체의 이익을 고려해서 판단하고 행동한다.

공동체 감각을 익히는 습관 하나를 말하면 다음과 같다. 판단이 망설여질 때는 더욱 큰 집단의 이익을 우선한다. 자신보다도 동료를, 동료보다도 사회 전체를, 이렇게 하면 판단이 틀리는 일이 없다.

자신, 가족, 동료, 학교, 회사 그리고 사회 등 각각 집단의 이익과 메리트가 다를 때, 우리가 내려야 할 판단의 기준은 더욱 큰 집단의 이익과 메리트다. 이것이 공동체 감각이다.

판단이 망설여질 때는 더욱 큰 집단의 이익을 우선한다. 자신보다도 동료를, 동료보다도 사회 전체를, 이렇게 하면 판단이 틀리는 일이 없다.

아들러의 교훈 41

기쁨과 불안을 '공유'하라

상대의 입장에서 그 사람의 마음 상태를 상상할 수 있는 것을 심리학에서는 '마음의 이론을 가졌다.'라고 한다. 보이지 않는 타인의 마음의 움직임을 알아차리고 이해하는 것이 가능하다면 그 사람은 마음의 이론을 가지고 있다는 의미다.

예를 들어 부하 직원이 상사의 행동을 보고 '내가 오늘 단골과 한 상담이 잘 안 풀렸다는 것을 알고 있군.' 하고 생각했다면 상사는 마음의 이론을 가진 것이다. 이 경우 상사가 상담의 결과를 실제로 아는지 모르는지는 중요하지 않다.

즉 마음의 이론을 가진다는 것은 타인도 자신과 똑같이 생각하고, 의도하고, 믿고, 바라고, 예상하고 있다고 믿는 것이다. 요약하자면 자신만이 아니라 다른 사람에게도 마음이 있다는 것을 잘 이해하는 것이다.

  사람의 마음을 아는 힘은 직접 관계를 맺으면서 얻을 수 있다. 즉 함께 기쁨과 불안을 공유하면서 습득할 수 있다. 이것은 뛰어난 화가가 사람의 얼굴을 묘사할 때 그 사람의 감정을 그려 넣는 것과 같다.

  인간의 마음을 알 수 있는 것은 예술에 해당한다.

  마음의 이론을 가지면, 우리는 타인의 행위를 마음 상태로 예측하고 설명할 수 있다. 상대에 대한 공감이나 배려도 속임수나 거짓말도 판별할 수 있다.

  이와 같이 마음의 이론을 가지는 것은 타인의 마음을 이해하기 위해서는 필수이며, 이것은 공동체 감각을 익히는 데에 큰 영향력을 미친다.

사람의 마음을 아는 힘은 직접 관계를 맺으면서 얻을 수 있다. 즉 함께 기쁨과 불안을 공유하면서 습득할 수 있다.

제5장

라이프스타일로 인생을 바꿀 수 있다

라이프스타일

아들러의 교훈 42

모든 사람은 자기만의 법칙대로 산다

인간은 자신이나 인생의 여러 문제에 대해 일관된 행동의 법칙을 가지고 살아간다. 이것이 '라이프스타일'이다. 라이프스타일은 그 사람 고유의 삶의 방식 혹은 신념 체계, 즉 사람의 행동을 결정하는 내적 시스템을 말한다. 라이프스타일은 유전적 요인과 환경적 요인의 상호작용으로 만들어진다.

이처럼 나름의 생각하는 방법이나 행동을 취하는 방법, 다시 말하자면 인생에 어떤 의미를 부여하고, 어떻게 살아갈까 하는 독자적인 자세를 라이프스타일이라고 하는데, 심리학 용어로는 '퍼스널리티(성격, 인격)'가 이것과 가깝다고 볼 수 있다.

성격은 유전적 요인의 영향이 다소 강한 퍼스널리티이고, 인격은 환경적 요인의 영향이 강한 퍼스널리티인데, 성격과 인격을 합친 개념이 라이프스타일이라고 할 수 있다. 라이프스타일은 바꿀 수 있으므로 바꾸기 힘든 듯한 인상이 있는 성격이나 인격 대신에 이 용어를 사용하는 것이 적절하다고 생각한다.

인간은 목표를 가지고 목표를 향해 행동하는데, 목표를 달성하는 방법이나 몰두하는 방법은 사람마다 다르다. 이것은 공동체 감각에 더욱 영향을 받는데, 여기서 차이가 나는 것은 라이프스타일이 다르기 때문이다.

보통 라이프스타일은 그 사람이 가진 목표에 따라 다르며, 모든 행동에 일관성을 가져다주는 역할을 한다. 여기에서 타인과는 다른 독자성, 즉 개성이 나온다.

예를 들어 어떤 사람이 배가 아파서 낫고 싶어 한다고 하자. 그 목적을 위해서 '과음을 했으니, 당분간은 금주하자.'고 결심하거나, '이 정도라면 일하면 금방 나을 수 있어.'라고 생각하거나, '병원에 갈 정도는 아니네, 약국에서 약을 사서 먹자.'거나, '병원에 가서 진찰을 받아보자.' 등의 행동을 할 수 있다. 이런 행동 중에서 어떤 행동을 할지를 결정하는 것이 라이프스타일이다.

라이프스타일은 그 사람의 행동에 일관성을 가져다주는 것으로 라이프스타일을 알고 있으면 그 사람이 어떤 행동을 할지 예측할 수 있다.

이 라이프스타일은 사람의 마음속에 만들어진 내적 시스템이다. 이것이 삶의 방식과 방향을 결정하고, 실질적으로 인생을 만들어간다. 건전한 라이프스타일을 가지면 사람의 마음을 더욱 잘 이해할 수 있게 되어, 절대 고립되지 않게 된다. 그런 사람의 주변에는 반드시 사람이 모이게 된다.

건전한 라이프스타일을 가진 사람은 절대 고립되지 않고 그 사람의 주변에는 반드시 사람이 모이게 된다.

아들러의 교훈 43

자기 신념이 '라이프스타일'을 만든다

라이프스타일을 구성하는 세 요소에는 '자기개념', '세계상', '자기이상'이 있다.

자기개념은 자신이 어떤 존재인가에 대한 의미 부여를 말한다. 자신에 대해서 어떻게 생각하고 있는지, 즉 '나는 ~다.'라는 신념과 관련된 요소다. 예를 들어 '나는 체력이 강해(약해).' '나는 성격이 밝아(어두워).' '나는 일을 잘해(못해).' 등 자신에 대한 가치판단을 말한다.

세계상이란 자기 주변의 세계가 자신에게 어떤 의미인가에 대한 것이다. 세계의 현상에 대해서 어떻게 생각하는지, 즉 '세계,

인생, 인간은 ~다.'라는 신념과 관련된 요소다. 예를 들어 '세계는 안전(위험)하다.'거나 '인생은 즐겁다(고통스럽다).' 또는 '인간은 신뢰할 수 있다(신뢰할 수 없다).' 등 자신을 둘러싸고 있는 상황에 대한 평가를 말한다.

자기이상이란 자신이 어떻게 해야 하는지에 대해 의미를 부여하는 것을 말한다. 자신의 이상에 관해서 어떻게 생각하고 있는지, 즉 '나는 ~여야 한다.'라는 신념과 관련된 요소다. 예를 들어 '나는 언제나 정상에 있어야 한다.'거나 '나는 동료에게 존경받는 존재여야 한다.' 또는 '나는 특별한 인간이어야 한다.' 등 이상의 자기에 대한 평가를 말한다.

사람은 세 가지 신념으로 자신의 라이프스타일을 만들어간다. 이것은 '나는 어떤 존재일까?'와 '인생이란 어떤 것일까?' 그리고 '나는 어떻게 살까?'라는 신념이다. 라이프스타일에는 자신의 현재와 미래, 그리고 인생이나 세계에 대해서 어떤 의미를 부여했는지, 또한 목표를 얼마나 달성할 것인지가 나타나 있다.

사람은 '나는 어떤 존재일까?', '인생이란 어떤 것일까?', '나는 어떻게 살까?' 세 가지 신념으로 자신의 라이프스타일을 만들어간다.

아들러의 교훈 44

라이프스타일로 사람의 마음을 알 수 있다

 보통 라이프스타일은 각자 다르다고 생각한다. 하지만 현대의 아들러 심리학에서는 그것을 몇 가지 형태로 유형화하여 한 개인의 라이프스타일이 어떤 유형에 가까운지를 판단한다. 라이프스타일 유형을 알면 인간의 마음과 행동을 이해하는 데 도움이 된다고 생각하기 때문이다.

 여기서는 라이프스타일의 유형을 안전 추구형, 우수성 추구형, 좋음 추구형, 주도권 추구형 네 가지로 설명하려고 한다.

 이는 라이프스타일을 최우선 목표로 분류하는 방법이다. 최우선 목표에 의한 분류법이란 자신이 어떤 문제에 직면했을 때 혹은 인생의 갈림길에 섰을 때 '어떤 목표를 우선으로 어떻게 행동하여 해결할까?'라는 시점에서 생각하는 방법이다.

최우선 목표로 '과제 달성'을 우선하는가, '대인 관계'를 우선하는가를 세로축으로, '능동적'으로 파고들지, '수동적'으로 파고들지를 가로축으로 하여 안전 추구형, 우수성 추구형, 좋음 추구형, 주도권 추구형 네 가지로 유형화한 것이다.

안전 추구형은 과제 달성을 우선시하고 행동은 수동적인 유형으로 '안전하게 가고 싶다, 안심하고 싶다, 지키고 싶다, 낙관적이며 한가로워지고 싶다.'는 마음을 최우선 목표로 삼는다.

이 유형의 사람은 사려가 깊고 유연성도 있지만 귀찮은 것은 피하는 경향이 있어서 책임 있는 일이나 직무를 맡는 것은 피해야 한다.

좋음 추구형은 대인 관계를 우선시하고 행동은 수동적인 유형으로 자신의 주변 사람이 좋아해주는 것을 최우선 목표로 삼는다.

이 유형의 사람은 타인에 대해서 수용적이고 공감적인 태도를 가지고 있지만, 이 때문에 타인의 높은 기대에 부응해야 하는 일은 피하려고 한다.

우수성 추구형은 과제 달성을 우선시하고 행동은 능동적인 유형이며 다른 누구보다도 우수해지고 싶다는 것을 최우선 목표로 삼는다.

이 유형의 사람은 계속 노력하고 인내심이 강해 목표 달성을 향해 열심히 달리지만, 이 때문에 사람과의 관계에도 우열을 가려 여러 사람과 사이좋은 관계를 만들기 어려운 경향이 있다.

주도권 추구형은 대인 관계를 우선시하고 행동은 능동적인 유형으로 타인과의 관계 속에서 주도권을 쥐고 리더가 되는 것을 최우선 목표로 삼는다.

이 유형의 사람은 책임감이 있고, 인망이 있어서 믿음직하지만 타인을 위에서 내려다보는 시선으로 바라보므로 명령을 받아야 하는 상황을 싫어하는 경향이 있다.

라이프스타일 유형을 알면 타인의 마음과 행동을 이해하는 데 도움이 된다.

아들러의 교훈 45

라이프스타일로 사람의 행동을 예측할 수 있다

　안전 추구형은 스트레스를 피하는 경향이 있고, 좋음 추구형은 타인이 거절하는 것을 힘들어하며, 우수성 추구형은 무의미한 것을 피하려고 하고, 주도권 추구형은 부끄러움이나 굴욕을 견디기 힘들어하는 특징이 있다.
　'스트레스'와 ' 타인의 거절', '무의미한 것', '부끄러움이나 굴욕'을 키워드로 자신이 피하고 싶고 싫어하는 것을 생각하면 어떤 라이프스타일에 가까운지를 추정할 수 있다.
　네 가지 라이프스타일 유형은 어떤 것이 우수하고 열등하다는 개념은 아니다. 각각의 유형에 모두 장단점이 있기 때문이다.

이 네 가지 라이프스타일의 유형으로 그 사람의 판단이나 행동을 취하는 방법을 예측하는 것은 가능하다. 그 사람이 어떤 문제에 직면했을 때 혹은 인생의 갈림길에 섰을 때 '어떤 목표를 우선하고, 어떻게 파고들어 해결할 것인가?'를 각각의 유형대로 짐작할 수 있다.

일반적인 심리학에서는 어떤 상황에서 사람의 일관된 판단이나 행동 경향을 퍼스널리티 유형으로 예측하지만, 아들러 심리학에서는 라이프스타일 유형으로 예측한다.

'스트레스'와 '타인의 거절', '무의미한 것', '부끄러움이나 굴욕'을 키워드로 자신이 피하고 싶고 싫어하는 것을 생각하면 어떤 라이프스타일에 가까운지를 추정할 수 있다.

아들러의 교훈 46

라이프스타일을 바꾸면 감정이 달라진다

우리는 상대의 말이나 행동에 대해서 직접 반응하지 않는다. 자극으로 들어온 감정에 대해서 반응할 때는 이해나 판단이라는 인지 시스템, 즉 라이프스타일이 작용한다.

예를 들어 어떤 사람이 웃는 것을 보고 '나를 바보 취급하고 있어.'라고 인지하면 화라는 감정이 나오고, '나에게 호의를 가지고 있군.'이라고 인지하면 기쁨의 감정이 생긴다.

이처럼 상대의 말이나 행동을 어떻게 인지하는가에 따라 받아들이는 방법은 달라진다. 따라서 자신의 감정을 통제하고 싶다면 자신의 인지 방법, 즉 라이프스타일을 바꾸는 것이 필요하다.

화와 같은 감정은 라이프스타일의 배설물에 지나지 않기 때문에 이것을 조작해도 현재 상황은 아무것도 바뀌지 않는다. 현재 상황을 바꾸기 위해서는 라이프스타일 자체를 바꿀 필요가 있다. 그렇게 하면 감정도 저절로 바뀌게 된다.

타인에 대해서 부정적이고 감정적으로 받아들일 때, 그렇게 반응한 자신에게 혐오를 느끼는 사람도 있을 것이다. 하지만 이처럼 부정적 감정을 가지지 않도록 자신을 훈계하는 것으로는 간단하게 결과를 바꿀 수 없다. 이보다도 '나는 사람에게 미움받고 있어.'라든지 '나에게 행복한 미래는 없어.'라고 생각하는 자신의 라이프스타일을 바꾸는 것이 중요하다.

『바보의 벽』으로 유명한 해부학자 요로 다케시는 말했다.

"내가 바뀌면 세계도 바뀐다. 내가 바뀌면 즐거워서 어쩌지 못하게 된다. 같은 장소지만 풍경이 다르게 보인다."

현재 상황을 바꾸기 위해서는 라이프스타일 자체를 바꿀 필요가 있다. 그렇게 하면 감정도 저절로 바뀌게 된다.

아들러의 교훈 47

감정은 스스로 선택하는 것이다

심리학에서 '감정 2요인 이론'이라는 감정 인식에 관련된 설이 있다. 예를 들어 기쁨이나 화라는 감정은 생리적 반응과 그것을 어떻게 인지하는지에 의해 결정된다는 것이다.

여기서 말하는 생리적 반응이란 웃고, 울고, 가슴이 두근대고, 닭살이 돋는 것 등을 말한다. 이것을 어떻게 인지할지를 결정한다는 것은 가슴이 두근대는 것이 어둠이 무섭기 때문인지, 그 사람이 좋아서인지 판단하는 일을 가리킨다.

이 이론의 검증 방법 중에 '현수교 효과'란 것이 있다. 높이 70미터 정도 깊이의 골짜기를 가로지르는 길이 약 137미터의 현수교를 이용해서 실험을 했다. 실험은 혼자서 다리를 건너려고 하는 남성이 현수교를 건너기 전에 설문 조사를 하는 '낮은 공포 조건군'과 현수교 중앙에 왔을 때 설문 조사를 하는 '높은 공포 조건군'으로 나누어 설정했다. 조사 진행자는 여성으로서 매력 있는 여학생이 선정되었다.

각각의 남성에게 숨어 있는 성적인 흥분 정도를 측정하는 TAT라는 심리 테스트가 행해졌다. 테스트 종료 후 조사자인 여학생은 "실험의 결과에 관심이 있으면 나중에 전화주세요."라며 전화번호와 이름이 적힌 메모를 내밀었다. 그리고 그 메모를 남성이 받는지 아닌지를 기록했다. 또한 다음 날 전화번호를 받은 남성이 실제로 전화를 거는지 아닌지도 기록했다.

그 결과 현수교 시작점에서 조사를 받은 남성군과 중앙에서 조사를 받은 남성군을 비교해보니, 후자 쪽이 TAT 테스트 결과 성적 흥분 정도가 높은 것을 알 수 있었다. 또한 실제로 전화를 걸어온 사람도 후자의 남성군 쪽이 많았다.

그렇다면 왜 다리 중앙의 남성이 성적 흥분 정도가 높았고, 실제로 전화를 걸어오는 비율이 높았던 걸까? 그것은 현수교 중앙에 있는 남성이 자신이 두근대는 것은 눈앞에 있는 여성이 매력적이기 때문에, 즉 좋아한다고 인지했기 때문이다.

생리적 두근거림은 '높은 현수교에 서 있어서 무섭기 때문이다.'라고 인지하는 것도 가능하지만, '현수교 중앙에서 조사를 하는 여성이 좋기 때문이다.'라고 인지할 수도 있다. 즉 생리적 반응을 어떻게 인지하는지에 따라 인간의 감정은 달라진다. 좋아하기 때문에 두근대는 것이 아니라 두근대서 좋아하게 된다는 것이다. 감정은 생리적 반응을 받아들이는 방법에 의해 변화한다. 즉 생리적 반응에 대한 인지 방법이 바뀌면 감정도 바뀌게 된다.

감정은 사물을 어떻게 인지하는지에 따라 달라진다고 하는 아들러 심리학의 입장은, 감정 2요인 이론의 관점에서 봐도 상당히 적절하다. 우리의 감정은 외부 원인으로 인해 발생하는 것이어서 자신이 선택할 수 없다고 생각하지만, 실제로는 자신이 선택할 수 있다. 그래서 자신의 감정을 다른 사람 탓으로 돌리지 말고, 자신의 견해나 사고방식에 의한 것이라고 받아들여야 한다.

우리의 감정은 외부 원인으로 인해 발생하는 것이어서 자신이 선택할 수 없다고 생각하지만, 실제로는 자신이 선택할 수 있다.

아들러의 교훈 48

부모 닮아서 성격이 삐뚤어지는 건 아니다

　라이프스타일은 인생의 목표를 달성하기 위한 태도를 포함한 개념이다. 이것은 태어나서 4~5세가 될 때까지는 가정환경이나 심신의 상태에 영향을 받아 만들어진다. 현재 심리학에서는 인생의 목표나 라이프스타일이 유아기부터 아동기에 걸쳐 형성된다고 생각한다. 과거 심리학에서 생각했던 연령보다 높아져서 10세 정도까지로 본다.

　우리는 어린 시절부터 성공이나 실패의 경험을 하면서 '이럴 때는 이렇게 하는 게 좋아.'라든지 '이렇게 하면 그 사람은 이렇게 반응하겠지.' 또는 '이렇게 하면 잘 풀리지 않아.'라며 다양한 스타일을 익혀간다. 이처럼 많은 스타일이 조합되고 통합되어 10세 무렵까지 라이프스타일이 형성되는 것이다.

'일상의 사물이나 발생하는 일에 대해서 어떻게 대처할까?'를 라이프스타일로 익히고, 그것으로 인간과 어떤 관계를 맺을지도 결정한다.

예를 들어 '나는 혼자서 노력해도 잘 안 풀리니까 다른 사람에게 약점을 보여주고 도움을 받는 게 좋겠어.'라든지 '사람에게 도움만 받아서는 자신의 능력을 기르지 못하니 설령 어렵다 해도 스스로 해봐야지.'와 같이 자신의 라이프스타일을 정하고 그것에 따라서 행동을 선택하고 인간관계를 만들어간다.

라이프스타일은 그 사람의 유전적 자질이나 자란 환경에 의해 영향을 받지만, 그 영향의 방향은 결국 본인 자신이 정한다. '부모의 성격이 신경질적이니 내 성격도 신경질적이야.'라거나 '집이 가난하니까 내 성격도 비뚤어졌어.'라고 하는 사람도 있지만 '부모의 성격이 신경질적이어서 나는 그렇게 안 되려고 노력했어.'라거나 '집이 가난하니까 나는 참을성이 많아졌지.'라고 하는 사람도 있다.

같은 환경에서 자랐다고 해도 경험을 어떻게 받아들일지, 어떤 의미를 부여할지는 사람에 따라 다르고 그것에 의해 그 사람의 미래도 달라진다. 의미를 결정하는 것은 자기 자신이다.

『안네의 일기』로 잘 알려진 안네 프랑크는 말했다.
"부모는 아이에게 조언해주고 지도해줄 수 있지만, 최종적인 인격 형성은 아이 자신에게 달려 있다."

스스로 생각하고 노력하면 라이프스타일을 바꾸는 것은 충분히 가능하다. 10세 정도까지 만들어진 라이프스타일은 고정성을 가지고 있지만, 그래도 평생 바뀌지 않는 것은 아니다. 그 사람이 바꾸겠다는 의사를 가지고 바꾸려고 노력한다면 죽기 바로 전까지도 바꾸는 것이 가능하다.

인생은 새로운 자신을 발견하고 매일 다시 태어나는 것에 의미가 있다.

인간은 자신을 바꾸려는 의사를 가지고 있으면 언제라도 바꾸는 것이 가능하다. 인생은 새로운 자신을 발견하고 매일 다시 태어나는 것에 의미가 있다.

아들러의 교훈 49

가족의 분위기가 인생의 기준을 만든다

형제자매 중에서 첫째는 첫 자식으로서 사랑을 독점하다가 둘째가 태어나면 왕좌와 특권을 빼앗기게 된다. 첫째는 태어날 때부터 부모의 애정을 독차지하고 평안했지만, 둘째가 태어나면서 부모의 애정을 빼앗긴다, 혹은 빼앗겼다고 느낀다. 그래서 첫째는 과거 제국을 되찾으려고 한다. 부모의 애정을 되찾아오는 방법으로 어리광을 부리기도 하고, 반대로 둘째를 잘 돌봐주기도 한다.

가운데 아이는 부모의 사랑을 독점한 적이 없어서 경쟁적이거나 공격적이거나 잘 토라지는 사람이 된다. 그리고 자신의 인생은 스스로 개척해야만 한다고 생각하는 경향이 있다. 가운데 아이는 첫째를 따라잡고 앞지르려는 경향이 강하다.

막내는 응석받이로 자라난다. 이 때문에 스스로 노력하지 않고, 무력하다는 것을 어필하여 타인에게 도움을 받으려고 한다. 영원히 아이로 있고 싶어 하는 경향이 있고, 사람에게 응석 부리고 의존하려는 행동 경향이 강하다.

외동은 부모의 영향을 많이 받는다. 또한 막내와 다르게 형제자매가 없어서 인간관계에 서툰 사람이 많다. 외동은 버릇없고 의존적인 행동 경향이 강하다.

이처럼 사람은 출생 순위에 영향을 받아서 라이프스타일이 형성된다. 단지 출생 순위만이 아니라 그밖의 조건도 라이프스타일 형성에 영향을 미치는데, 무엇보다 자신이 가족의 분위기를 어떻게 받아들이는지, 그 의미를 어떻게 부여하는지가 크게 작용한다. 이 태도가 그 사람의 라이프스타일을 결정한다. 라이프스타일이 유아기부터 10세경까지 형성되는 것을 감안하면 그 영향은 크다.

'가족의 분위기'란 주로 부모가 아이와 소통하는 방법을 의미한다. 예를 들어 가족 간의 소통방식에 따라 개방적인지 폐쇄적인지, 민주적인지 독재적인지, 수용적인지 거부적인지, 이성적인지 감성적인지 등 가족 특유의 분위기가 결정된다.

여기에는 부모의 성격과 가치관이 영향을 미치는데, 대개 생각하는 방법이나 행동을 취하는 방법, 그리고 무엇을 중시하여 결정하는지 등의 기준이 포함된다.

예를 들어 친절하게 대한다, 거짓말을 하지 않는다, 성실하게 노력한다, 예의 바르게 행동한다는 것은 성격을 말한다. 그리고 몸과 마음의 건전함, 학력이나 사회적 지위의 획득 목표, 그리고 금전이나 물건에 대한 가치 부여는 가치관을 말한다.

대개 라이프스타일은 가족의 영향으로 만들어진다. 특히 부모의 성격이나 가치관, 사건을 생각하는 방법이나 아이에게 기대하는 방법이 라이프스타일 형성에 강한 영향을 미친다.

부모는 자신의 성격이나 가치관, 아이에게 기대하는 방법이 아이의 라이프스타일 형성에 영향을 준다는 것을 명심해야 한다.

아들러의 교훈 50

인생 최초의 기억 속에 미래의 힌트가 숨어 있다

'조기 회상'이란 자신의 최초 기억을 의미한다. 조기 회상은 자기의 최초 기억 속에 라이프스타일에 관한 힌트가 숨어 있는지 찾아볼 때 이용하는 방법이다.

'주관적인 인생'과 '스스로 쓰는 자서전'을 라이프스타일로 바꾸어본다면, 의미하는 바를 잘 이해할 수 있다. 단지 과거의 기억을 떠올리고 거기에서 라이프스타일을 찾는 것은 원인론이 아니냐고 생각하는 사람도 있다. 그런데 아들러 심리학에서는 조기 회상의 의미를, 과거의 기억 때문에 현재의 라이프스타일이 형성되었다고 파악하는 것이 아니라 현재의 라이프스타일

속에 과거의 기억에 반영되어 있다고 인식한다. 즉 아들러 심리학에서는 조기 회상을 떠올렸다면, 어떤 목적이 있기 때문이라고 생각한다.

조기 회상에서는 무엇을 떠올리는가가 아닌, 어떻게 떠올리는가, 무엇을 위해서 떠올리는가가 중요하다. 아들러 심리학은 여기에 반영된 라이프스타일을 밝히는 데 의미를 둔다.

우리가 관심을 두는 것은 과거라기보다 미래다. 미래를 이해하기 위해서는 라이프스타일을 이해해야만 한다. 즉 미래를 이해하기 위해서 과거의 기억을 불러내는 것이 조기 회상법이다.

인도 독립 지도자인 마하트마 간디는 말했다.

"과거는 우리의 것이지만, 우리는 과거의 것이 아니다. 우리는 현재를 살아가고 미래를 만든다."

조기 회상으로 떠올린 기억에는 그 사람이 '어떤 생각을 하고 있는가?', '어떤 것에 사로잡혀 있는가?', '어떤 사람에 관심이 있는가?' 등이 선명하게 나타난다.

예를 들어 '아버지는 일을 자주 바꿨어.', '부모님은 언제나 돈 문제로 싸우셨지.', '어머니는 언제나 형만 예뻐했어.'라는 조기 회상에는 '일을 맡으면 성실하게 하고 싶다.', '돈 때문에 고생하지 않았으면 한다.', '형에게만은 절대 지고 싶지 않아.'라는 그 사람의 라이프스타일이 나타나 있다고 본다.

 자신의 최초 기억은 자기 인생의 출발점이며, 스스로 쓰는 자서전의 시작점이다. 자신의 최초 기억을 떠올려보자. 그 속에 자신의 라이프스타일 원형이 잠재되어 있고, 자신의 미래를 예측하는 힌트가 숨어 있을 것이다.

 자신의 최초 기억은 자기 인생의 출발점이며, 스스로 쓰는 자서전의 시작점이다.

제6장

인생에서의 진짜 문제는 '인간관계'다

인생 과제

아들러의 교훈 51

일, 교우, 사랑은 인생의 최대 과제다

일, 교우, 사랑처럼 인생에는 불가피한 과제가 있다. 이런 인생의 중요한 세 가지 과제를 라이프 태스크, 즉 '인생 과제'라고 부른다. 행복한 인생을 보내려면 이 세 가지의 인생 과제를 올바르게 해결할 필요가 있다.

사람은 살아가면서 다양한 고민을 하게 된다. 시험, 입학, 졸업, 취직, 이직, 실업, 연애, 결혼, 임신, 육아, 아이의 독립, 이혼, 빚, 질병, 퇴직, 간호, 사별 등 다양한 상황에서 고민이 발생한다. 이것은 우리를 힘들게 하고, 불행한 기분이 들게 한다.

하지만 이런 일 자체가 진정한 고민은 아니다. 이런 일은 우리에게 스트레스를 주지만 '라이프 이벤트'이기에 대부분의 사람이 경험하는 것이다. 고민의 크기는 사람에 따라 다르지만, 대부분 어떻게든 이겨낼 수 있다.

진정한 고민은 그 라이프 이벤트에 동반되는 인간관계이다. 취직과 함께 생기는 직장에서의 인간관계, 결혼과 함께 만들어지는 부부관계나 자식과의 관계, 퇴직과 함께 변화되는 가족관계나 새로운 인간관계, 사별과 함께 나타나는 인간관계의 상실 등이다.

즉 라이프 이벤트에 동반되는 인간관계가 고민의 원천이라고 할 수 있다. 학교나 직장, 가정에서 '타인과 함께 있는 것이 고통'인 경우 문제가 되는 것이다.

타인과 함께 살아가는 한, 이 고민은 계속된다. 세 가지 인생 과제를 올바르게 해결하는 것은 행복한 인생을 약속해주지만, 그 성패를 좌우하는 것은 '인간관계'이며 '인간관계의 고민 해결'이라고 할 수 있다.

인생 과제를 하나씩 살펴보자.

'일 과제'란 역할, 의무, 책임에 따라오는 생산 활동이다. 사람이 살아가기 위해서는, 또한 인류가 번영하기 위해서는 생산 활동을 하고, 사회를 만들어가야만 한다. 여기에서 사람은 각각의 역할, 의무, 책임을 지며 협력해야 한다. 이것이 일 과제다.

'교우 과제'란 타인과의 친밀한 사귐이다. 이를 위해서는 타인과 좋은 관계를 만들 필요가 있다. 이것이 교우 과제다.

'사랑 과제'란 특정 개인끼리의 관계 및 가족관계를 말한다. 사람은 친밀한 상대를 찾아 가족을 만들고 아이를 낳아 인류 유지와 번영에 공헌하는 활동을 한다. 이를 위해서 부부로서 좋은 관계를 만들고, 자식과 좋은 관계를 만드는 것이 필요하다. 이것이 사랑 과제다.

이 세 가지 인생 과제는 일, 교우, 사랑의 과제 순으로 달성의 난이도가 높아진다. 세 가지 인생 과제에 따라오는 인간관계의 어려움을 생각해보면 이해하기 쉬울 것이다.

일과 관련된 인간관계는 일이라는 구체적인 과제가 있어서, 그것을 매개로 만들어간다.

교우와 관련된 인간관계는 일처럼 달성해야만 하는 노동량이 존재하지 않고, 일보다 자유가 더 많은 관계다. 그만큼 관계를 만들어가는 것이 더 어렵다.

사랑과 관련된 인간관계는 더욱 어렵다. 남녀 관계나 부부 관계, 부자 관계나 고부 관계 등 일 관계나 교우 관계보다 더욱 깊은 인간관계가 형성되기 때문에, 난이도가 높은 것은 당연하다.

인생의 행복은 충실한 일, 친밀한 교우 관계, 그리고 사랑을 기반으로 한 가족관계를 얼마나 잘 실현할 수 있는지에 달려 있다.

인생의 행복은 충실한 일, 친밀한 교우 관계, 그리고 사랑을 기반으로 한 가족관계를 얼마나 잘 실현할 수 있는지에 달려 있다.

아들러의 교훈 52

인생 과제에는 공동체 감각이 필요하다

세 가지 인생 과제를 해결하려면 공동체 감각이 있어야 한다. 인생의 세 가지 과제를 바르게 해결하기 위해서는 자기중심으로 생각하는 사적 논리로는 어렵다. 일이 자신만의 이익을 위해서 있고, 친구가 자신만을 도와주기 위해서 있으며, 애인이나 파트너가 자신만을 위해서 있다고 생각한다면, 인간관계는 무너지고 행복을 느낄 수 없게 된다.

세 가지 인생 과제에 대해서 공동체 감각을 가지고 해결한다는 것은 어떤 의미일까? 공동체 감각이란 자신만이 아닌 소속되어 있는 공동체의 구성원이나 공동체 전체가 좋게 되기 위해서 공헌하는 태도를 가리킨다.

일을 자신만이 아니라 타인의 이익을 위해서 하고, 친구가 자신을 도와주는 것뿐만 아니라 자신도 친구를 도와주기 위해서 있고, 애인이나 파트너가 자신에게 공헌해주는 것만이 아니라 자신도 애인이나 파트너에게 공헌하기 위해서 있다고 생각하면 인간관계가 튼튼해지고 행복해진다.

자기 자신의 행복과 인류의 행복을 위해서 가장 크게 공헌하는 것은 공동체 감각이기에 인생 과제에 대한 모든 해답은 여기에 있다.

세 가지 인생 과제인 '일, 교우, 사랑'은 사회가 우리에게 요구하는 가장 중요한 일이다. 이것을 바르게 파고드는 것이 가능한지 아닌지, 그 과정에서 자신의 인생을 행복하다고 생각할지 못할지는 그 사람의 공동체 감각에 달려 있다.

공동체 감각은 그 사람의 지능이나 재능에 달린 것이 아니다. 지능이나 재능이 우수한 사람이 그렇지 못한 사람보다 인생 과제를 더 잘 해결한다고는 말할 수 없다. 지능이나 재능이 우수하지 않아도 인생 과제를 잘 해결해가는 사람의 예는 매우 많다.

왜냐하면 인생 과제의 해결이 공동체 감각과 매우 강하게 관련되어 있기 때문이다. 인생 과제를 잘 해결할 수 있는 사람은 공동체 감각이 좋은 편이다. 그들은 인생 과제를 풀어갈 때 자신만이 아니라 자신이 소속된 공동체의 구성원, 혹은 공동체 전체에 공헌하는 태도로 임한다.

자기 자신의 행복과 인류의 행복을 위해서 가장 공헌하는 것은 공동체 감각이기에 인생의 과제에 대한 모든 해답은 여기에 있다.

아들러의 교훈 53

일이 없으면
공포와 불안이 생긴다

일 과제란 사람이 생존하기 위해서 어떤 생산 활동을 찾는가를 말한다. 사회에 유익한 일을 하는 사람은 사회 발전의 중심에 있고, 사회를 더욱 발전시키는 역할을 한다. 인생은 한 사람 한 사람이 일을 분담하고 그것을 통해서 하나의 역할을 연기하는 무대와 같다. 이것이 잘 안 된다면 인간은 그 존재 자체를 위협받게 된다.

우리에게 일 과제는 공동체를 발전시키기 위해서 없어서는 안 될 중요한 것이다. 이 과제를 잘 달성하지 못하면 자신과 공동체 자체가 위협받는다. 그래서 사회에 유익한 일을 하는 사람은 사회의 발전의 중심에 있고, 사회를 더욱 발전시키는 역할을 담당한다.

일 과제란 사람이 자신과 사회에 속하기 위해서 꼭 필요한 것이다. 이것은 직업으로서의 일뿐만 아니라 인간이 사회 속에서 정기적으로 일정한 책임과 의무감을 가지고 해야 하는 생산 활동을 말한다. 따라서 학생의 학업, 봉사 활동, 주부의 가사나 육아 등도 여기에 포함된다.

또한 사회생활을 하는 데 필요한 의무나 책임을 지는 것도 일 과제의 일환이다. 예를 들어 생활 습관이나 매너를 지키는 것, 규칙이나 법률을 따르는 것, 선거에서 투표하여 정치 참여를 하는 것도 일 과제다. 이렇게 보면 일 과제란 인간을 사회와 연결하여 공헌하는 중요한 경험을 하게 한다.

인간이 사회에 소속되어 타인과 좋은 관계를 만들고 사회의 이익에 공헌하기 위해서 일은 없어서는 안 되는 활동인데, 대부분은 분업의 형태로 분담한다. 할당된 일에서 어떤 역할을 어떻게 맡을 것인가가 그 사람의 사회적 가치나 평가와 연결된다.

우리는 분업으로 사회에 공헌하고 있다. 즉 인간은 일의 분담으로 고립되지 않고 상호 연결된다. 여기에서 타인을 도와준다는 과제를 가지고 타인과 연결되어 있다는 의식이 생기는 것이다.

분업이 잘 되면 일은 더욱 효율적으로 전문화된다. 혹은 분업으로 서로 다른 능력을 활용하여 조직화하는 것도 가능하다. 이것은 일의 사회적 공헌도를 더욱 높인다.

뮤지션 존 레넌은 말했다.

"일은 건강하게 살기 위한 밑거름이다. 일이 없다면 공포와 불안감이 생겨난다."

일은 건강하게 살기 위한 밑거름이다. 일이 없다면 공포와 불안감만 생겨난다.

아들러의 교훈 54

실업은 인간에게
가장 무거운 짐이다

  현대사회는 대부분의 조직이 복잡하게 구성되어 있다. 그 안에서 일의 분업이 진행되기 때문에 자신이 분담하고 있는 일이 사회나 조직 안에서 어떤 역할을 하는지, 얼마나 공헌하는지를 알기 어렵다. 따라서 자신이 속한 조직이 무엇을 목적으로 존재하는지를 구성원 스스로 충분하게 이해하는 것이 중요하다.

  자신이 담당하는 일이 조직의 성과에 어떤 공헌을 하는지, 나아가서는 그것이 사회에 어떻게 도움을 주는지를 잘 생각해야 한다. 자기가 하는 일이 사회적 활동인 한에서는 반드시 이 물음에 대한 답이 있다.

이것을 제대로 확인하고 일에 몰두하면 일은 자신의 생활을 얻기 위해서만이 아니라 자신을 사회와 연결하고, 자신이 사회에 무언가 공헌하기 위해 존재한다고 느낄 수 있다.

우리가 하는 일은 틀림없이 많은 사람의 생활에 공헌하고 있다. 즉 내가 타인의 일에 은혜를 받고 있는 것과 마찬가지로 타인도 나의 노동에 은혜를 받고 있다. 이처럼 일을 하면 인간은 사회와 확실하게 연결된다. 일에 대한 가치를 느끼고 일할 의욕도 높아진다.

하지만 그렇지 않은 경우라면 자기 일에 대한 의미를 알지 못하고, 단지 할당된 일을 하게 된다. 일할 의욕도 없어지고 일을 좋아하게 되지도 않는다. 또한 실패하는 것은 아닌지, 능력이 없으면 바보 취급당하는 것은 아닌지, 신뢰받지 못하는 것은 아닌지 등을 고민하게 된다. 이렇게 지나치게 비관적으로 생각하다 보면 일을 소극적으로 하게 되고, 결국 싫어하게 된다. 이것은 일 과제의 실패, 즉 실업으로 연결된다.

실업은 인간에게 가장 무거운 짐이다. 이것은 수입을 잃어버리는 것뿐만 아니라, 많은 경우에 사귀었던 동료 등 사회와의 연결도 함께 잃게 된다. 실업은 그 사람의 자존감뿐만 아니라 사는 보람도 잃어버리게 한다. 실업은 살아가는 행복을 위협하며, 행복감을 떨어뜨린다.

일을 잘하는 사람이 되기 위해서는 자기 일의 의미를 이해하고, 자신의 장점을 이해하고 활용하여 명확한 목적의식을 가지고 파고드는 것이 중요하다. 자기 일을 마음속 깊이 사랑하면서 일에 파고들면 자신이 행복하다고 느끼게 된다. 그것이 주위 사람들을 즐겁게 하고 결국 사회에 공헌하는 것으로도 연결된다.

교육자이자 사회복지 활동가인 헬렌 켈러는 말했다.

"세상을 움직이는 것은 영웅의 강하고 큰 힘이 아닙니다. 성실하게 일을 하는 한 사람 한 사람의 작은 힘입니다."

일은 자신의 생활을 유지하기 위해서 하는 것이 아니라, 사회와 연결되고, 사회에 무언가 공헌하기 위해서 한다. 사회는 한 사람 한 사람의 일상이 쌓여 움직인다.

우리 사회는 성실하게 일하는 한 사람 한 사람의 일상이 쌓여 움직이고 있다.

아들러의 교훈 55

교우 관계가 서툴면 일도 서툴다

 교우 관계란 타인과 어떻게 사귈까 하는 문제다. 학교에서 친구와 사귀는 방법, 직장에서 동료와 사귀는 방법, 이웃 사람과 사귀는 방법 등을 말한다.
 우리는 항상 타인과 관계를 맺고 조화롭게 생활하면서, 타인에게 관심을 가져야 한다. 그럼으로써 사회의 구성원이 되고 사회에 공헌하는 존재가 된다.

 교우 관계에서는 타인을 어떻게 생각할지, 어떻게 행동할지 그리고 어떻게 협력할지가 일 자체의 문제보다 중요하다. 그래서 교우 과제는 일 과제보다 힘들다.

일반적으로 일 과제를 잘하지 못하는 사람은 교우 관계도 서툰 경우가 많다. 간혹 일은 하지 않으면서 동료와 즐겁게 지내는 사람도 존재한다. 하지만 그 경우 교우 관계를 잘 살펴보면 그것은 표면적인 친밀함이고, 서로 신뢰하고 협력해나가는 관계가 아닌 경우가 많다.

비행 청소년 그룹을 예로 들면, 모두 같이 즐겁게 노는 것처럼 보이지만 그 관계는 진정으로 마음이 통했다고 보기 힘들고, 자신의 사정상 상대를 이용하는 것뿐인 관계가 많다. 따라서 그 관계가 길고 지속적이지 않다.

교우 관계는 우리의 인간관계 속에서 비교적 길고 지속적인 관계 중 하나다. 특히 친한 교우 관계는 인생을 즐겁게 만들고, 행복을 느끼게 한다. 만약 진정한 친구를 한 사람이라도 얻었다면, 그 친구와 함께 자신의 인생을 향상시킬 수 있다.

만약 진정한 친구를 한 사람이라도 얻었다면, 그 친구와 함께 자신의 인생을 향상시킬 수 있다.

아들러의 교훈 56

자신만이 특별한 존재는 아니다

 나 자신을 위해서 타인이 있는가? 타인이 무언가를 해주지 않는다고 불만을 품는 것은, 자신만 생각하고 있다는 증거다. 자신만이 특별한 존재가 아니라는 것을 명심해야 한다. 자신의 상황에만 맞춰 타인과의 관계를 생각하는 사람은 친밀한 교우 관계를 가질 수 없다.

 건전한 교우 관계에서는 상대가 자신의 기대나 요구와 다른 태도나 행동을 했다고 하더라도 그를 친구에서 제외시키지 않는다. 자신과 의견이나 생각이 다른 것을 수용하여 친구로 인정하고 사귀는 것이 진정한 교우 관계다.

교우 과제에서는 자기를 중심으로 생각하면 실패한다. 한 사람 한 사람이 대등한 관계이며, 상하가 아닌 수평 관계로 존재하다고 생각해야 교우 문제가 잘 풀린다. 자신만 특별한 존재가 아니라고 깨닫는 것이 교우 과제에서는 가장 중요하다.

타인이 무언가를 해주지 않는다고 불만을 품는 것은, 자신만 생각하고 있다는 증거다.

아들러의 교훈 57

사랑 과제는 인생에서 가장 힘들다

 사랑 과제는 연인끼리 사귀는 것이나, 나아가 가족 관계를 말한다. 이는 인류가 두 개의 성으로 이루어진 것에 어떻게 대처할지, 그리고 가정생활로 인류의 존속이 결정되는 것에 어떻게 대처할지에 대한 문제다.
 말하자면 이 문제는 개인 당사자와의 관계와 가족 관계 두 가지로 되어 있다. 따라서 교제, 배우자 결정, 결혼 생활, 성생활 등 거의 모든 것이 사랑 과제에 들어간다.
 그리고 남자다움이나 여자다움과 같은 성에 관련된 사회적 역할에 대한 기대, 즉 성적 역할도 사랑 과제에 들어간다.

또한 가족의 인간관계도 사랑 과제다. 부부 사이의 관계, 부모와 자식과의 관계, 형제자매 사이의 관계, 그리고 부부 각각의 부모와의 관계 등이 여기에 포함된다.

개인 당사자끼리 사귀는 것이나, 가족 관계로 대표되는 사랑 과제는 인생에서 가장 힘든 문제다. 사랑의 증거는 상호 깊은 신뢰에 달려 있다. 따라서 사랑 과제는 인생에서 가장 힘들지만 잘 해결한다면 깊은 안식을 얻을 수 있다.

사랑 과제는 인생에서 가장 힘들지만 잘 해결한다면 깊은 안식을 얻을 수 있다.

아들러의 교훈 58

올바른 파트너는
이렇게 고를 수 있다

사랑의 완성이라는 결혼은 상대에 대한 가장 친밀한 헌신이다. 이는 신체적 매력과 동료와 같은 감정, 그리고 아이를 가질 결심 등으로 나타난다. 사랑과 결혼에서의 협력은 두 사람의 이익만을 위한 협력이 아니라, 인류의 이익을 위한 것이다. 사랑이란 인생을 나누어 가지고, 상대를 소중하게 생각하는 감정이기 때문에 그것을 얻기 위해서는 올바른 파트너를 선택해야만 한다.

사랑 과제의 중심에 있는 것은 파트너 관계라고 해도 좋다. 결혼이라는 사랑 과제의 달성은 배우자와의 사이에 생기는 친밀한 마음과 가족을 만들고 인류의 번영에 공헌하는 것을 의미한다. 서로 상대를 받아들이고, 두 사람 사이에 감사와 신뢰의 마음이 자라나 가족을 만들고 같이 나이 들어갈 때, 결혼이라는 사랑 과제가 달성된다.

화가 빈센트 반 고흐는 말했다.

"부부란 결합된 둘이 아니라 하나의 전체가 되는 것이다."

사랑 과제를 해결하기 위해서는 처음에는 신체적 매력이 중요하다. 그것은 사랑 과제 중에서 남녀의 성애적 관계가 인류의 번영에 결정적인 영향을 미치기 때문이다. 남녀 각자에게 신체적 매력이 없으면 성애적 관계는 생기지 않고, 아이를 가지는 것도 어려워진다.

두 사람이 서로 감사와 신뢰하는 마음을 가지는 것도 사랑 과제를 풀어가는 데 꼭 필요하다. 상대에 대한 감사와 신뢰의 마음이 협력과 헌신의 움직임으로 나타나기 위해서는 서로의 이익이 대등해야만 한다.

한쪽만 이익이고 한쪽은 헌신하는 관계, 혹은 한쪽이 다른 한쪽을 지배하고 복종하는 관계에서는 안정되고 행복한 결혼 생활을 바랄 수 없다. 사랑 과제가 파탄된 이혼의 이유는 여러 가지가 있지만, 가장 큰 것은 남녀 사이의 불균형에 있다.

독일의 어느 지방에는 약혼한 두 사람이 결혼하는 것이 좋은지 아닌지를 재미있게 결정하는 오래된 관습이 있다. 결혼식 전에 두 사람을 공터로 데려온다. 여기에는 잘려 쓰러진 나무가 놓여 있는데, 두 사람에게 2인용 톱을 건네면서 나무를 자르게 한다. 이 작업 과정에서 두 사람이 서로 협력하는 것이 얼마나 중요한지 알게 된다.

만약 두 사람 사이에 신뢰 관계가 없다면 서로 반대로 끌어당겨 나무를 자를 수 없다. 두 사람 중 한 사람이 리드하고 모든 것을 자신 혼자 하려고 한다면 설령 상대가 그것을 받아들였다고 해도 일을 처리하는 데 많은 시간이 걸린다. 하지만 두 사람이 함께 힘을 모은다면 단시간에 나무를 자를 수 있다. 두 사람 사이에 대등한 협력이 결혼의 필요조건이라는 사실을 이 지방 사람들은 잘 알고 있었던 것이다.

사랑 과제를 잘 풀려면 올바른 파트너를 선택해야 한다. 좋은 파트너를 선택하려면 신체적 매력, 지적인 적합성, 대인 관계를 만드는 능력, 상대에 대한 강한 관심, 협력해가는 태도, 그리고 직업에 대한 관심과 능력을 봐야 한다.

한편 경제적인 안정, 상대에 대한 동정, 일을 시킬 사람을 확보했다는 마음 등으로 선택하면 잘못된 파트너를 만나게 된다.

사랑 과제의 해결은 인생의 행복과 관련이 있다. 올바른 파트너를 선택할 수 있다면 결혼은 최고의 행복을 가져다줄 것이다.

하지만 파트너를 잘못 선택했다면, 결혼은 깨질 수 있다. 결혼에는 각각의 매력, 지적인 적합성, 상대에 대한 관심, 상호 협력의 태도, 일에 대한 자세, 사랑이나 우정을 깊이 나누는 능력 등이 중요시되어야 한다.

사랑 과제의 해결은 인생의 행복과 관련이 있다. 올바른 파트너를 선택할 수 있다면 결혼은 최고의 행복을 가져다줄 것이다.

아들러의 교훈 59

응석으로 자란 아이는 위험한 어른이 된다

응석 부리는 아이는 자신의 욕구가 곧 법인 것처럼 행동한다. 이런 아이가 어른이 되면 공동체 안에서 위험한 사람이 된다. 그들은 항상 자신에게만 관심이 있고, 타인이나 사회에 공헌하는 것을 배우지 않았기 때문이다. 힘든 문제에 직면했을 때 그들이 취하는 방법은 단 하나다. 문제의 해결을 자신이 아닌 타인에게 요구한다.

응석 부리는 아이는 주변 사람에게 주목을 받지만, 경우에 맞는 행동을 하지는 않는다. 응석 부리면서 주변 사람에게 주목받는 것이 타고난 권리라고 생각하기 때문이다.

그런 아이는 자신이 주목받지 못하거나 주변 사람들에게 배려를 받지 못하면 당황해하고 오히려 화를 낸다. 이는 타인에게 무언가를 주는 것이 아니라 받는 것만을 경험했고, 자신의 문제에 스스로 대처하는 방법을 배우지 않았기 때문에 생기는 현상이다.

응석으로 자라는 아이는 주변 사람들이 자기가 원하는 대로 해주기 때문에 자립심이 생기지 않고, 자신도 하면 할 수 있다는 것을 모른 채 자란다. 그들은 항상 자기 자신에만 관심이 있고, 타인이나 사회에 협력하고 공헌하는 것을 거의 배우지 않았다. 그러다보니 힘든 문제에 직면했을 때에 취하는 방법은 단 하나, 타인에게 그 해결책을 요구하는 것이다.

장 자크 루소는 말했다.

"아이를 불행하게 하는 가장 확실한 방법은 언제나 모든 일을 도와주는 것이다."

이처럼 응석을 부린 아이가 어른이 되면, 머지않아 공동체 안에서는 위험한 종류의 인간이 되어버린다. 그들은 타인을 지배하기 위해서 사랑해야 할 사람을 꾸며내기도 한다. 그러고는 자신의 행동에 대해 지적을 받으면 "선의로 한 것인데 사람을 이용한다니, 말도 안 돼."라고 한다.

이와 같은 사람은 일의 협력을 요구받으면 대부분 거부한다. 공공연하게 반발하는 사람도 있다. "왜 내가 그런 일을 해야 해?", "이것은 내가 할 종류의 일이 아니야.", "그것은 당신들 일이지."라고 주장한다. 심지어 자신의 주장이 받아들여지지 않으면, '다들 내 적이야.'라고 느끼고 복수하려는 경우도 있다.

　응석을 부린 아이가 어른이 되면 '가장 좋은 인생이란 가장 중요한 존재가 되는 것, 갖고 싶은 물건은 모두 가지는 것'이라고 생각한다. 이 때문에 타인과의 사이에 알력이 생기기 쉽고 공동체 안에서 상당히 성가신 존재가 되어버린다.

응석 부리는 아이는 자신의 욕구가 곧 법인 것처럼 자란다. 이런 아이가 어른이 되면 공동체 안에서는 위험한 사람이 된다.

아들러의 교훈 60

무시당하고 자란 아이는 신뢰하기 힘든 어른이 된다

　무시당하고 자란 아이는 사랑과 협력이 무엇인지 모른다. 이런 아이가 어른이 되면 타인을 의심하고 신뢰할 수 없는 사람이 된다. 그들은 타인을 자신에게 차갑고 우호적이지 않다고 생각하고, 자신이 타인에게 사랑받는 존재가 될 것이라고는 생각하지 않는다. 그들에게는 신뢰할 만한 타인이나 동료와 교류하는 경험이 무엇보다도 필요하다.

　무시당하고 자란 아이가 어른이 되어 인생 과제에 직면하면, 그것을 과대평가하고 호들갑스럽게 군다. 타인과 협력하여 과제를 해결해가는 능력을 과소평가하므로 혼자서 머리를 쥐어짠다.

그래서 공동체 안에서 고립되고 타인과 함께 살아가는 기술을 모르는 사람이 된다.

노벨 평화상을 받은 마더 테레사 수녀는 말했다.

"가장 큰 고통은 역시 고독이다. 사랑받지 못한다고 느끼고 한 명의 친구도 없는 것이다."

무시당하고 자란 아이 혹은 이와 같은 경험을 계속해온 사람은 신뢰할 수 있는 타인과 만난 적이 없다. 따라서 우선 부모가 아이의 관심이나 애정의 대상이 되어야 한다. 이것이 잘 되면 다음은 신뢰할 수 있는 타인이나 동료와 교류하는 경험을 제공해야 한다. 어른도 마찬가지다. 타인과 신뢰 관계를 맺을 수 있다면, 공동체에서 고립되지 않고 존재감을 느낄 수 있다.

무시당하고 자란 아이는 사랑과 협력이 무엇인지 모른다. 이런 아이가 어른이 되면 타인을 의심하고 신뢰할 수 없는 사람이 된다.

아들러의 교훈 61

함께 생활하고 일하는 것에 행복이 있다

 인생 과제인 일, 교우, 사랑 과제를 일관하고 있는 것은 인간관계다.

 일의 인간관계는 일반적으로 지속적이지 않다. 인사이동, 이직, 혹은 퇴직 때문에 그 관계는 대부분 중도에 단절된다.

 교우의 인간관계는 상당히 길게 지속된다. 일의 관계처럼 이해타산과 관련된 것은 적고 서로에게 끌리는 공통점이 많기 때문이다. 싫어지면 관계를 끊으면 된다.

 사랑의 인간관계는 길게 지속되는데, 평생 계속되는 일도 드물지 않다. 부부관계, 부모와 자식과의 관계는 서로 운명을 함께

하고 이른바 자를 수 없는 관계로 이어진다.

 일의 인간관계는 타인과의 협력 관계, 교우의 인간관계는 타인과의 사이가 좋은 관계, 사랑의 인간관계는 가정을 얻기 위한 관계로 각각의 특징을 가지고 있다.

 우리는 무엇을 위해서 살아가고 있을까? 바로 인생 과제를 위해서다.

 인생 과제를 바르게 풀기 위해서는 인간관계를 어떻게 만들어가고, 구하고, 바꾸어갈지 아는 것이 중요하다. 인간의 고민은 모두 인간관계에서 비롯한다.

 인생 과제를 달성하는 것은 인생의 행복에 곧바로 연결되는 문제다. 인간관계를 어떻게 받아들이고 대처하고 해결해갈지, 여기에 한 사람 한 사람의 라이프스타일이 필요하다.

사람과 함께 있고 함께 일하고 함께 생활하는 것에 인생의 행복이 있다.

제7장

칭찬보다 용기를 주는 사람이 되어라

용기 부여

아들러의 교훈 62

타인에게 기쁨과 감사를 전하라

인생 과제를 잘 완성하려면 '용기 부여'가 필요하다. 타인의 용기 부여는 자신의 인생 과제를 바르게 해결하는 것을 도와준다. 용기 부여란 한마디로 말하면 상대에 대한 존경, 신뢰, 공감을 바탕으로 기쁨과 감사의 마음을 전하는 것이다.

용기 부여는 아들러 심리학에서 치료자가 환자에게 해주는 지원인데, 환자가 자기 자신의 인생 과제를 해결하려는 의식을 가질 수 있게 한다. 이는 환자의 치료만이 아니라 인생 과제를 해결하려는 모든 사람을 도와줄 수 있다.

용기를 부여하는 말로는 "너의 열정이 나를 정말 기쁘게 해.",

"협력해줘서 고마워.", "네가 조언해줘서 정말 도움이 됐어.", "그 부분이 노력했던 부분이지?", "좋은 결과가 나와서 정말 다행이야.", "정말 노력하고 있구나, 도와줄 일 있으면 말해." 등을 꼽을 수 있다.

용기 부여는 사람을 깊이 생각하는 마음으로 상대의 마음 깊은 곳까지 가닿는 말로 전해야만 한다.

사람은 용기 부여를 받으면 "기쁘게 받았어.", "도움이 됐어."라고 받아들이고 자신이 상대에게 공헌했다고 느끼게 된다. 이런 말 한마디가 살면서 생기는 다양한 힘든 일을 참아내게 하고, 그것을 뛰어넘는 활력을 준다.

용기 부여란 한마디로 말하면 상대에 대한 존경, 신뢰, 공감을 바탕으로 기쁨과 감사의 마음을 전하는 방법이다.

아들러의 교훈 63

인생 과제는 혼자서 못 푼다

용기란 힘든 일을 극복하는 노력, 리스크를 떠맡는 기력, 타인과 힘을 합하는 협력, 이 세 가지가 있는 상태이다. 용기를 가지면, 인간은 인생 과제를 정면으로 마주할 수 있다.

용기 있는 상태에서는 자신이 공동체의 일원이고, 신뢰할 수 있는 동료가 있으며, 그 안에서 도움이 되는 일을 할 수 있다는 확신이 있다.

용기 있는 사람은 인생 과제를 해결하는 과정에서 생기는 힘든 일을 극복할 수 있다. 힘든 일을 마주했을 때 도망치는 것이 아니라 그것을 뛰어넘으려고 노력한다.

리스크에 대해서도 참을성 있게 대처하면서 성장할 수 있다는 확신을 가진다. 그래서 리스크를 떠맡고 도전해간다.

용기 있는 사람은 인생 과제를 혼자서 달성하는 것이 어렵다고 이해하고 있다. 그래서 과제에 파고들 때는 혼자가 아닌, 타인을 신뢰하고 타인과 공동으로 서로의 목표를 달성하려고 협력한다.

이처럼 용기 있는 상태는 노력, 기력, 협력의 세 가지 힘을 사용해 인생 과제를 완수하려는 것을 말하고, 용기 없는 상태는 이 힘을 가지지 못했거나 가지고 있지만 사용하지 못하고 과제로부터 도망가려는 것을 말한다.

용기란 힘든 일을 극복하는 노력, 리스크를 떠맡는 기력, 타인과 힘을 합하는 협력, 이 세 가지가 있는 상태이다.

아들러의 교훈 64

칭찬은 상대보다 위에 있다는 전제에서 나온다

아들러 심리학에서는 사람과 사람과의 관계를 대등한 것으로 인식한다. 즉 인간관계를 상하 관계가 아닌 수평 관계로 인식한다. 그래서 기본적으로 인간을 칭찬하거나 격려하지 않는다. 칭찬하거나 격려하는 것은 상하 관계, 즉 자신이 상대보다 위에 있다고 가정하기 때문에 나오는 것이다.

인간관계를 수평 관계로 인식하는 아들러 심리학에서는 칭찬하거나 격려하는 것이 아니라, 용기를 부여하여 상대의 행동을 뒤에서 도와준다. 상대에게 감사의 마음이나 기쁜 마음을 전하는 것, 이것이 용기 부여다. 용기 부여는 상대가 자신과 대등한 관계일 때 가능하다. 여기에 용기 부여가 효력을 발휘하는 비밀이 있다.

상대의 행위에 대해서 "고마워.", "정말 도움이 됐어.", "이번에 정말 기뻤어." 등 감사나 기쁨의 마음을 표현하면 상대의 용기를 이끌어낼 수 있다.

인간은 용기 부여로 자신이 어떻게 상대에게 도움을 주는지, 사회에 공헌하는지를 느낄 수 있다. 그리고 자신은 가치가 있는 존재이며, 이대로도 괜찮다고 생각하게 되어 한층 더 목표를 향해 행동할 용기를 얻는다.

용기란 이미 말한 것처럼 다양한 힘든 일을 극복해가는 활력을 말한다. 용기 부여는 용기를 끌어내는 것을 말하며, 아들러 심리학의 주된 기법이다.

용기 부여는 상대가 자신과 대등한 관계일 때 가능하다. 즉 자신과 상대의 관계를 상하 관계가 아닌 수평 관계로 인식한다는 전제가 있다.

아들러의 교훈 65

칭찬보다 용기 부여가 더 중요하다

용기 부여란 구체적으로 어떻게 하는 것일까? 먼저 떠오르는 생각은 '칭찬하자.'일 것이다. 사람은 칭찬받으며 살아가기 위한 지혜나 지능을 익혀간다. 인간의 성장에는 칭찬하는 것이 꼭 필요하고, 용기 부여와 마찬가지로 효과가 있어 보인다.

하지만 아들러 심리학에서는 칭찬하는 것과 용기 부여 사이에 명확한 선을 긋는다. 이미 언급한 것처럼 칭찬은 상위에 있는 인간이 하위에 있는 인간에게 하는 행위다. 자신이 상대보다 위에 있는 상황이라는 것을 암암리에 의식하고 있기에 나오는, 위에서 내려다보는 시선의 행위다.

상사가 부하에게 "노력 많이 했군. 역시 자네는 달라."라고는 하지만, 부하가 상사에게 "노력 많이 하셨네요. 역시 선배님이십니다."라고는 하지 않는다. 만약 부하에게 이런 말을 듣는다면 상사는 분명 '네가 할 말은 아닌 거 같은데……'라고 생각할 것이다.

　칭찬이 아니라 용기를 주어라. 용기 부여에는 인간의 능력과 의욕을 기르는 힘이 있다. 설령 상사와 부하의 관계라고 해도 그 관계를 수평 관계로 인식하고 양자는 대등한 입장에 있다고 생각한다.

　수평 관계는 서로 조화를 이루며 배우는 대등한 관계이며, 일을 잘할 수 없는 사람을 잘할 수 있는 사람이 도와주는 관계다. 대등한 관계는 상호 공평하다는 느낌을 준다. 특히 역할상 아랫사람에게는 더욱 그렇다. '나를 소중하게 생각하는구나.' 또는 '좋은 평가를 받고 있어.'라고 생각할 것이다. 수평 관계에서 용기 부여는 인간의 능력과 의욕을 기르는 힘을 준다.

　칭찬이 아니라 용기를 주어라. 칭찬은 상위에 있는 인간이 하위에 있는 인간에게 하는 행위지만, 용기 부여는 수평 관계에서 인간의 능력과 의욕을 기르는 힘을 준다.

아들러의 교훈 66

용기 부여는 대등한 사이일 때 나온다

우리의 정신 건강이 나빠지는 가장 큰 이유는 인간관계가 상하 관계에 있기 때문이다. 수평 관계가 정신 건강에 꼭 필요한 것임을 잘 기억해두길 바란다. 인간관계에서 상하 관계는 자존감을 위협하지만, 수평 관계는 그것을 기른다.

칭찬은 인간관계가 상하 관계에 있는 것을 전제로 하지만, 용기 부여는 수평 관계를 전제로 한다. 인간은 서로의 관계가 수평 관계에 있는 것만으로도 용기를 얻을 수 있다.

칭찬과 용기 부여의 차이를 계속 언급하자면, 칭찬은 성공했을 때만 가능하지만("오늘 프레젠테이션은 좋았어. 열심히 했구나."), 용기 부여는 성공했을 때뿐만 아니라 실패했을 때에도 할 수 있다("오늘 프레젠테이션에는 낙담했겠지만, 기획 내용은 참고가 됐어. 고마워.").

칭찬은 행위를 한 사람에게 하지만("환송회 간사 맡았지? 일도 바쁠 텐데 대단해."), 용기 부여는 행위 그 자체에 한다("정말 열심히 환송회 준비를 했구나. 덕분에 살았어.").

또한 칭찬은 전하는 측의 관심에 의한 일종의 포상으로 하는 것이지만("이번 일, 좋은 성과가 나왔지? 부장도 칭찬했어."), 용기 부여는 전달받는 측의 관심에 근거해서 한다("이번 일에 임하는 자세는 정말 훌륭해. 보고 있으니 알 것 같더라.").

인간관계에서 상하 관계는 자존감을 위협하지만, 수평 관계는 그것을 기른다.

아들러의 교훈 67

스스로 용기를 주는 사람이 되어야 한다

용기 부여에는 세 가지 단계가 있다. 자기 자신에게 용기를 부여하는 단계, 용기를 꺾는 행위를 그만두는 단계, 용기 부여를 시작하는 단계, 이 세 가지다.

첫 번째 단계가 왜 자기 자신에게 용기를 부여하는 것일까? 용기를 부여하기 위해서는 우선 자기 자신의 상태가 중요하기 때문이다. 자기 자신이 '긍정적인 사고를 한다.', '미래 지향적이다.', '귀 기울여 잘 듣는다.', '협력을 중요시한다.', '크게 생각한다.', '유머가 있다.', '존경하고 신뢰하면서 상대를 지원한다.' 등의 태도를 가지고 있어야 한다.

실제로는 이런 태도를 모두 유지하기 어렵다. 그렇다고 용기를 줄 수 없다는 뜻은 아니다. 이 중에서 몇 가지의 태도라도 익히면 좋다.

예를 들어 일이 잘 풀리지 않을 때도 이 경험을 다음 일에 활용하겠다고 긍정적으로 생각하고, 상대의 이야기를 제대로 들어주려고 마음의 준비를 한다. 또 타인의 유머를 이해하고, 때로는 타인을 즐겁게 해주며, 용기를 주려고 한다. 유머를 이해하지 못하는 사람이 세상의 심각한 사항을 알 리 없기 때문이다.

자신이 용기 있는 상태에 있으려면, 용기 부여를 잘하는 사람과 만나 그런 태도를 배우는 것이 하나의 방법이다. 또한 긍정적인 자기 이미지를 갖는 것도 자기 자신에게 용기를 부여하는 하나의 방법이다.

평소에 자기 자신에게 하는 말을 생각해봐야 한다. '나는 노력하고 있다.', '나에게는 가능성이 있어.', '나는 해야 할 일이 있어.', '때로는 실패해도 괜찮아.', '때로는 약한 소리를 해도 돼.', '나에게는 좋은 친구가 있어.', '나에게는 여차하면 협력해주는 사람이 있어.' 등 마음속에서 이렇게 자신에게 말을 걸면, 긍정적인 자기 이미지를 가진 사람이 된다.

이에 반해 '나는 안 돼.', '내 미래는 어둡기만 해.', '나는 할 일이 없어.', '나는 미움 받는 사람이야.', '타인에게는 약한 모습을 보여서는 안 돼.', '나는 친구가 없어.', '나를 도와주는 사람 따윈 없어.', '주위 사람은 적뿐이야.' 등의 말로 자신에게 말을 건다면 부정적인 자기 이미지를 가진 사람이 된다.

부정적인 자기 이미지를 가진 사람은 발상을 전환하여 자신에게 말을 거는 것이 중요하다. 긍정적인 자기 이미지를 가지고 자신에게 말을 거는 것이다. 혹은 부정적인 말 걸기를 의식하고 멈추면, 부정적인 자기 이미지가 약화될 것이다.

두 번째 단계는 상대의 용기를 꺾어버리는 행동을 그만두는 것이다. 이를 위해서는 '부정적인 사고를 그만둔다.', '과거지향적인 사고를 멈춘다.', '남의 말을 잘 들어준다.', '경쟁을 중시하지 않는다.', '세세하게 고집하지 않는다.', '빈정거리지 않는다.', '공포와 불안을 일으키는 수법으로 상대를 지원하지 않는다.' 등의 태도가 필요하다.

그러면 용기를 꺾는 행위를 하는 사람이란 어떤 사람일까? 자신이 누군가의 행위 때문에 용기가 꺾였던 경험을 떠올려보기 바란다. 타인에게 바보 취급을 당했거나, 창피를 당했거나, 비난을 받았거나, 위협을 받았던, 잊을 수 없는 싫은 경험이 있을 것이다.

지금까지의 인생에서 부모, 형제자매, 교사, 상사, 동료, 배우자, 그리고 모르는 타인에게서 용기가 꺾이는 다양한 말, 태도, 행동을 경험한 적이 있을 것이다. 용기를 꺾는 사람을 반면교사로 삼고 용기를 주는 태도를 배워야 한다.

첫 번째 단계와 두 번째 단계를 어느 정도 달성했다면 타인에 대해서 용기를 주는 세 번째 단계로 들어간다. 이를 위해서는 대등하고 공감적인 태도로 상대를 대하고 받아들여야 한다.

용기 부여를 시작하는 마음가짐으로는 '용기를 주는 것을 제대로 의식하는 것'과 '상대와 같은 시선에서 용기를 주는 것'이 중요하다. 용기 부여는 이미 서술한 것과 같이 칭찬하거나 혼내거나 하는 상대의 행동에 상과 벌을 주는 행동이 아니다. 상대의 행동에 대해서 자신의 기쁨이나 감사를 전하는 것이 용기 부여다. 이 차이를 제대로 의식하고 있지 않으면 용기 부여를 바르게 할 수 없다.

용기 부여에서는 자신과 상대가 같은 시선에 있는 것이 중요하다. 부모, 교사, 상사라면 아이, 학생, 부하에 대해서 위에서 내려다보는 시선이 되어버린다. 자신이 지도하는 입장에 있다 해도 그것이 그대로 태도에 나타나면 용기 부여를 할 수 없다. 같은 시선이어야 기쁨과 감사의 기분을 전달할 수 있다.

용기와 자신이 있고, 긴장을 풀고 여유가 있는 사람만이 인생의 유익한 면뿐만 아니라 힘든 면에서도 이익을 얻을 수 있다. 이와 같은 사람은 결코 무서워하거나 도망치지 않는다.

 용기 부여는 인생의 유익한 면과 함께 힘든 면에서도 이익을 얻는 힘을 준다. 무엇보다도 사람에게 용기를 주기 위해서는 자기 자신이 용기 있는 태도를 보여야만 한다.

사람에게 용기를 주기 위해서는 자기 자신이 용기 있는 태도를 보여야만 한다.

아들러의 교훈 68

명령하는 어조로
말하지 마라

　용기를 부여하는 말은 인간의 마음에 커다란 영향을 준다. 단 조심해야만 하는 말 걸기가 있다. 그것은 명령하는 어조로 하는 말 걸기다. 명령하는 어조로 말을 거는 것은 멈추고 의뢰하는 어조로 말을 전달하는 것만으로도 용기를 주는 효과가 있다.

　용기 부여는 상대의 입장을 존중하고 인생 과제를 해결하려는 의욕을 이끌어내는 것을 목적으로 한다. 그래서 용기를 주기 위해 말을 걸 때에는, 부모와 자녀 관계 또는 교사와 학생 관계 그리고 상사와 부하 관계라 하더라도 위에서 내려다보며 명령하는 어조로 말하는 것은 적절하지 않다.

"이 서류를 부장에게 전달해줘.", "전에 그 기획, 이번 주 중으로 끝내줘.", "거래처 연락을 반드시 받아두도록." 등은 강한 말투는 아니지만 말하는 사람이 위에 있는 명령하는 어조임에는 틀림없다.

위에 있는 사람은 별다른 생각이 없겠지만, 아래에 있는 사람으로서는 이런 어조는 일방적인 명령으로 느껴진다. 그래서 말을 듣는 사람은 '언제나 위에서 내려다보는 시선으로 말하네.', '내 상황이나 입장을 고려하지 않는구나.', '나는 존중받지 못하고 있구나.' 하고 느끼게 되고, 무언가를 시도할 용기가 꺾였다고 받아들일 수도 있다.

하지만 같은 내용을 "이 서류를 부장에게 전달하고 오면 좋겠어.", "전의 그 기획, 이번 주 중으로 끝내준다면 고맙겠어.", "거래처가 연락해준다면 정말 살 것 같은데." 하고 의뢰하는 어조로 바꾸는 것만으로도 '스스로 예스인지 노인지 판단할 수 있겠군.', '내 상황이나 입장을 생각해주고 있구나.', '나는 존경받고 있구나.' 하고 느끼고 용기를 가질 수 있다.

발명가인 토머스 에디슨은 말했다.

"명령을 질문 형식으로 바꾸는 것만으로도 상대가 기분 좋게 받아들일 수 있을 뿐만 아니라 그 사람에게 있는 창조성을 발휘하게 한다."

그밖에도 용기를 주는 말 걸기를 할 때 따뜻한 어조로 말하는 것, 충분히 이야기하는 것, 간결하게 말하는 것, 감사의 기분을 나타내는 것, 그리고 차분하게 들어주는 것 등이 중요하다.

명령하는 어조로 말을 거는 것은 멈추고 의뢰하는 어조로 말을 전달하는 것만으로도 용기를 주는 효과가 있다.

아들러의 교훈 69

당신(You)이 아닌 나(I)의 메시지로 말하라

 상대방을 주어로 하지 않고, 나를 주어로 전달하면 그것만으로도 용기를 주는 효과가 있다. 전자는 상대의 태도나 행동의 평가를 나타내고, 후자는 상대의 입장에 서서 공감하는 것을 나타낸다. 즉 당신(You)의 메시지가 아닌 나(I)의 메시지로 용기를 부여하면 좋다.

 용기를 주는 말로는 '나 메시지'를 사용하는 쪽이 '당신 메시지'를 사용하는 것보다 효과가 있다. 나 메시지란 주어에 '나'를 사용해서 말하는 방법을 말한다. 예를 들어 '나는 ~입니다.'라고 하는 것이다. 한편 당신 메시지란 주어에 '당신'을 사용해서 말하는 방법이다. 예를 들어 '당신은 ~입니다.'라고 말하는 것이다.

"당신은 친절합니다.", "당신은 현명합니다.", "당신은 노력하고 있어요.", "당신은 잘하네요."라는 말에는 상대의 태도나 행동을 평가하는 내용이 있다. 따라서 이런 말은 자신의 상황에서 상대를 평가하고 우열을 판단하고 있다는 것을 상대에게 전달하는 것으로 보인다.

이에 대해서 "당신이 동료에게 친절하게 하는 것을 보고, 나는 기뻤어요.", "당신이 열심히 해줘서 나에게 정말 도움이 됐어요.", "나는 당신이 일을 능숙하게 처리하는 모습을 보고 대단하다고 느꼈어요."라고 말하는 것은 '나'의 받아들이는 방식이나 느끼는 방식을 나타낸다. 이것은 상대의 입장에 서서 공감하고 이해하고 있다는 것을 상대에게 전하고 있다.

당신 메시지에는 '나'의 기분이나 감정은 들어가 있지 않다. 들어가 있는 것은 상대에 대한 평가나 우열의 판단이다. 하지만 이것은 상대가 자기 자신에게 내리는 평가나 우열의 판단과 일치하지 않는 경우도 있다. 또한 "당신은 능숙하군요."라는 경우에도 그것을 말한 사람은 마음속에 '조금 더 능숙하게 할 수 있을 텐데.'라고 생각하고 있을 수도 있다. 이것은 용기 부여를 하지 못한다.

나 메시지에는 '나'의 기분이나 감정이 들어가 있다. 이것은 상대가 자기 자신에게 내리는 평가나 우열의 판단과는 직접적인 관련이 없다. 자신의 태도나 행동에서 상대가 그것을 어떻게 받아들이고 어떻게 느끼는지를 알게 한다.

명령하는 어조나 당신 메시지를 멈추고, 상대의 입장을 존중하는 의뢰하는 어조나 나 메시지를 사용해서 전달하면 그것만으로도 상대에게 용기를 주게 된다.

상대의 입장을 존중하는 의뢰하는 어조나 나 메시지를 사용해서 전달하면 그것만으로도 상대에게 용기를 주게 된다.

아들러의 교훈 70

다리나 팔을 꼰 채 이야기를 듣지 마라

말이 아닌 몸짓 커뮤니케이션을 말과 함께 사용하면, 그 효과가 커진다. 용기 부여에 이어서 자신의 기분이나 감정을 상대에게 전할 때 특히 유효하다.

표정은 상대에게 자신의 기분을 나타내는 중요한 역할을 한다. 기본적으로 부드럽고 친화적인 표정으로 상대에게 말을 걸어야 한다. 또한 심각한 이야기라면 진지한 표정으로 듣는 것이 좋다.

시선은 자신이 얼마나 진지하게 이야기를 하고 있는지, 듣고 있는지를 상대에게 전하는 역할을 한다. 그러므로 상대와 시선을 맞추고 대화를 하는 것이 좋다.

  목소리 상태(어조, 억양, 어조의 세기)는 상대에게 자신의 감정을 전달하는 역할을 한다. 또한 상대의 감정에 공감하는 것을 나타낸다. 대화의 내용에 따라 자신의 말에 생각을 담아 전달하면 좋다.

  손의 움직임이나 자세는 자신이 어떻게 말하고 싶은지, 상대의 이야기를 자신이 어떻게 듣고 있는지를 나타낸다. 다리를 꼰다거나 팔짱을 끼고 몸을 뒤로 젖힌 자세로 말하거나 듣는다면, 상대는 자신을 가볍게 본다거나 자신의 이야기를 거부하는 것으로 받아들인다. 팔을 벌려 몸을 조금 앞으로 내민 자세를 취하면 상대는 자기 자신이 받아들여지고 있다고 느낄 것이다.

말이 아닌 몸짓 커뮤니케이션을 말과 함께 사용하면, 그 효과가 커진다.

아들러의 교훈 71

비교적 쉬운 행동부터 시작하라

용기 부여는 사람에게 기쁨이나 쾌감을 주는 것뿐만 아니라 의욕을 이끌어내는 효과가 있다. 그런데 의욕은 실제로 행동을 하기 시작하면 나온다.

예를 들어 야구 선수가 타석에 섰을 때 반드시 하는 동작은 스스로 의욕을 높이는 행위이다.

또한 씨름 선수가 모래판에 들어가기 전에 자신의 얼굴이나 팔을 탁탁 치는 일련의 동작을 하는 것도, 럭비 선수가 볼을 차기 전에 무릎을 모으고 쪼그려 앉아 기도하는 포즈를 취하는 것도 같은 의미가 있다.

아이가 공부하기 전에 먼저 필기구를 정리하고, 다음에 교과서를 펼쳐서 간단한 문제부터 풀기 시작하는 일련의 행위도 의욕을 높이는 방법 중 하나다. 사람은 이렇게 자신이 정한 일련의 행위를 하면서 의욕을 스스로 이끌어낸다.

일하려고 생각해도 의욕이 생기지 않아 고민하는 사람이 해야 하는 일은 스스로 가능한 행동을 우선 시작하는 것이다. 의욕이 없어도 무엇인가 시작하면 '신기하게도 요령이 생겼어.', '무언가 즐거워.'라는 기분이 들어 그대로 계속하게 된다.

현장에 가는 것을 싫어하지만 막상 그 자리에 다다르면 왠지 의욕이 생긴다. 방을 정리하는 것도 귀찮다고 생각했지만 막상 시작하면 나름 즐겁게 정리하게 된다.

의욕이 생기지 않을 때는 무언가를 하기 전에 '언제나 처음 하는 행동 패턴'을 결정해두고 우선 시작부터 해보자. 또는 '비교적 쉽게 하는 것'부터 시작해보면 의욕이 생겨날 것이다. 이렇게 한 걸음씩 밟아 나가지 않으면 의욕이 생기지 않고, 더 중요한 행동을 하지 못한다. 머릿속에 의욕이 생기기를 아무리 바란다 해도 쉽게 생기지는 않는다.

가정에서는 부모, 학교에서는 교사, 그리고 직장에서는 상사가 의욕을 이끌어내는 용기 부여를 해주어야 한다. 이때, 단순히

지식으로 이해시키려 하지 말고, 실제 행동으로 옮기게 하는 것이 의욕을 높이는 데 더 중요하다.

의욕이 생기지 않을 때는 무언가를 하기 전에 '언제나 처음 하는 행동 패턴'을 결정해두고 우선 시작부터 해보자.

제8장

행복은 먼저 주어야 받을 수 있다

아들러의 교훈 72

행복은 주었던 것이 되돌아올 때 생긴다

인생의 의미가 자신의 라이프스타일에 따라서 인생 과제를 달성하는 것에 있다고 한다면, 어떻게 살면 행복할 수 있느냐는 물음에 대한 답은 두 가지로 정리할 수 있다.

한 가지는 자신이 가지고 있는 능력을 발휘하는 것이고, 다른 한 가지는 그것이 타인을 위해 사용된다고 느끼는 것이다. 즉 인생을 행복하게 살아가기 위해서는 타인을 행복하게 하는 것이 중요하고 이를 위해서 노력하고 능력을 길러, 그것을 자신을 위해 그리고 타인을 위해 발휘해야 한다.

인생의 행복은 사람에게 전해줬던 것이 자신에게 돌아올 때 생긴다. 마치 부메랑처럼 말이다.

  우리는 자신의 능력을 발휘하기 위해서 어린 시절부터 가정이나 학교, 그리고 지역사회에서 많은 것을 배워왔다. 그리고 그것을 자신의 인생 과제를 해결할 때 사용하면서 자신감을 얻어간다. 이것이 인생을 행복하게 살아가기 위한 한 가지 조건이다.

  인생을 행복하게 살아가기 위한 다른 한 가지 조건은 자신이 발휘하는 능력이 누군가를 위한 일이라고 느끼는 것이다. 즉 자신이 타인에게 도움이 되고 있다는 공헌감이 중요하다.

  러시아의 대문호 레프 톨스토이는 말했다.

  "인간이 행복하기 위해서 피할 수 없는 조건은 노동이다. 그리고 인생에는 단 한 가지 의심할 여지가 없는 행복이 있다. 그것은 인간을 위해서 살아가는 것이다."

  자신의 능력을 활용하여 일하고, 그것이 타인을 위한 것이라면 인생의 행복을 느끼게 된다.

인생을 행복하게 살아가기 위한 두 가지 조건 중 한 가지는 자신이 가진 능력을 발휘하는 것이고, 다른 한 가지는 그것이 타인에게 도움이 되는 것이다.

아들러의 교훈 73

자기 것만 생각하면 행복해질 수 없다

자신이 발휘한 능력이 다른 사람을 위한 일이 되는 것이 인생을 행복하게 살아가기 위한 조건이라고 한다면, 그 행복을 얻기 위해서는 어떻게 하면 좋을까?

자기 자신의 행복과 인류의 행복을 위해서 공헌하는 것은 공동체 감각에서 나온다. 그러므로 인생 과제의 모든 대답은 그 관계를 고려해야 한다.

인생을 행복하게 살아가는 사람의 라이프스타일은 반드시 공동체 감각과 일치한다. 비뚤어진 사적 논리에 근거한 라이프스타일로는 행복해질 수 없다. 그 사람에게 공동체 감각이 있다면 자신의 능력을 발휘하는 것이 누군가 다른 사람에게 도움이 되고 있다고 확신할 수 있다.

시인인 요한 볼프강 폰 괴테는 말했다.

"지배하거나 복종하거나 하지 않아도 누군가일 수 있는 인간만이 진정으로 행복하며 위대하다."

따라서 사적 논리에 바탕을 둔 라이프스타일을 가지고 있는 사람은 결코 인생을 행복하게 살아가고 있다고 느낄 수 없다. 자신의 것만 생각하면 안 된다. 빼앗는 사람, 지배하는 사람, 도망치는 사람, 이런 사람은 행복해질 수 없다.

그러면 이와 같은 사람이 자신의 인생을 더 좋게 하려면 어떻게 하면 좋을까? 공동체 감각을 높이는 것이 무엇보다도 중요하다. 공동체 감각을 높이면 행복해지려는 의식도 강해진다.

자신의 인생을 더 좋게 하려면 공동체 감각을 높이는 것이 무엇보다도 중요하다.

아들러의 교훈 74

타인을 기쁘게 하는 것이 행복이다

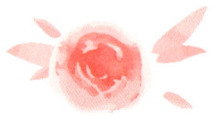

우리는 공동체 속에서 자신의 소속을 확보하고 공동체의 일원으로서의 위치와 역할을 가져야만 한다. 이를 위해서는 타인에게 공헌하는 것이 중요하다. 계속해서 공헌하면 인간은 타인에게 감사하고 신뢰하게 된다. 그리고 그 결과로서 타인에게 도움을 받고 협력을 얻을 수 있다.

'구하라, 그러면 얻을 것이니라.'라는 예수님의 말씀도 있지만, 공동체 감각으로 보자면 '주어라, 그러면 얻을 것이니라.'라고 말할 수 있다.

'나에게는 소속이 없다.'거나 '타인은 나에게 무관심하다.' 또는 '자신은 인간에게 도움이 되지 않는다.' 등 집단이나 타인과의 관계가 희박하다고 느끼는 사람이야말로 집단이나 타인에게 공헌하는 행동을 시작해야 한다.

고통에서 벗어날 방법은 단 하나. 타인을 기쁘게 하는 것이다. 자신에게 무엇이 가능한지를 생각하고, 그것을 실행해야 한다. 타인을 기쁘게 하는 것은 훌륭한 공헌이 된다. 자신만이 아니라 동료의 이익을 중요하게 여길 것, 받는 것보다 더 많이 상대에게 줄 것. 이것이 행복을 위한 유일한 길이다. 주자. 그러면 받을 것이다.

마더 테레사 수녀는 말했다.

"만약 100명을 기를 수 없다면 단 한 사람을 기르세요."

타인에 대한 공헌은 많은 사람에게 해도 좋지만, 자신에게 가장 소중한 한 사람에게만 해도 좋다.

자신만이 아니라 동료의 이익을 중요하게 여길 것, 받는 것보다 더 많이 상대에게 줄 것. 이것이 행복을 위한 유일한 길이다.

아들러의 교훈 75

인간관계 능력이 인생의 행복을 결정한다

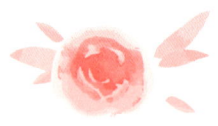

우리는 모두 일, 교우, 사랑이라는 세 가지 인생 과제를 달성하기 위해서 살아간다. 이 세 가지 과제를 일관하고 있는 것이 인간관계라는 사실은 앞에서 이미 설명했다. 따라서 어떤 인간관계를 맺을지가 인생의 행복을 결정하는 요소 중 하나라고 해도 좋다.

예를 들어 직장 안에서 상사와 부하, 혹은 동료와 인간관계를 잘 만들고 함께 일을 하기 위해서는 타인의 생각이나 감정을 읽고, 그것을 이해하여 공감하는 능력이 필요하다. 이 대인 관계 능력은 가정에서 부모와 자식과의 관계, 학교에서의 교우 관계, 파트너와의 애정 관계 등 어떤 인간관계에서나 꼭 필요한 것이다.

　새로운 인간관계를 만들어나가고, 이를 넓혀가며 쓰러질 위기에 있는 인간관계를 회복하거나 다시 만들어가는 것은 세 가지 인생 과제를 해결하는 과정에서 항상 있는 일이다. 이 인간관계의 조정력, 다시 말하면 인간관계 능력이 그 사람의 인생의 행복을 결정한다.

행복한 인생을 보내기 위해서는 인생 과제를 달성하는 것이 중요한데, 이는 인간관계를 맺는 방법에 달려 있다.

아들러의 교훈 76

타인의 인생 과제에 끼어들지 마라

　현재 당신이 고민하는 과제는 진짜 당신의 과제인가? 고민하는 과제가 누구의 과제인지를 항상 자신에게 물어보는 것이 중요하다. 우리는 가정에서도 학교에서도 그리고 직장에서도 자신이 눈치채지 못한 와중에 타인의 과제를 떠맡는 경우가 많다. 타인이 해결해야 하는 힘든 문제를 자신이 맡아버리는 것이다.

　그 과제가 누구의 것인가는 최종적으로 그 과제에 책임을 지는 사람이 누구인지를 생각하면 알 수 있다. 예를 들어 일이 잘 안 풀려서 안절부절못하고 있는 부하가 있다고 하자. 불안한 마음을 어떻게든 억누르려고 하는 과제는 부하의 과제이다. 일의 책임을 바꾸어 누군가와 협력을 하거나 기분 전환을 위해서 휴식을 하는 등 과제를 해결하기 위해서 궁리할 책임이 있는 사람은 부하인 것이다.

한편 일이 잘 안 되어서 안절부절못하는 부하가 신경 쓰인다면 그것은 상사인 자신의 과제가 된다. 신경 쓰이는 것을 해결하려고 일하는 방법을 바꾸게 하고, 누군가가 협력하게 해주고 조금 쉽게 해주는 등의 지시를 할 필요가 있는 것은 상사인 당신 자신이다.

'일 때문에 안절부절못하는 것은 부하의 과제이지 내 과제가 아니다.'라고 생각하고 신경 쓰지 않아야 한다. 자신의 책임이 없는 과제, 혹은 자신이 책임을 질 필요가 없는 과제를 일부러 떠맡을 필요는 없다. 자신의 과제에 책임을 지는 것만으로도 힘든데 타인의 짐까지 짊어질 필요는 없다.

이처럼 자신의 과제와 타인의 과제를 제대로 나눠서 생각해야 한다. 이것을 '과제의 분리'라고 한다. 과제의 분리가 잘 되었을 때 인생의 행복에 한 걸음 더 나아가게 된다.

우리는 만능이 아니다. 자신의 과제를 해결하는 것에도 체력, 지력, 기력의 커다란 에너지가 필요하다. 타인의 상태를 보고, 도와주었으면 하는지 아닌지를 제멋대로 판단하여 요구하지도 않는데 타인의 과제까지 손을 뻗치는 경우가 있다. 자신의 과제에 타인을 개입시키는 경우도 있다.

타인의 과제라고 판단했다면 그 해결은 그 사람에게 맡겨야 한다. 만약 떠맡게 된다면 자신을 위한 것도 상대를 위한 것도 아니게 된다. 힘든 과제를 극복해가는 그 사람의 용기를 꺾게 되기 때문이다.

상대의 과제에 관여하지 않았다고 해서 책임을 느낄 필요는 없다. 과제를 명확하게 분리하는 것이 서로의 관계를 좋게 지키기 위해서도 중요하다. 하지만 인간은 자신의 과제를 혼자서는 해결하지 못할 때가 있다. 이럴 때 그 사람이 도움이나 협력을 요청한다면, 필요한 부분에만 응하면 된다.

직장이나 가정에서 누군가의 도움이나 협력을 얻지 못하면 과제를 잘 해결할 수 없는 경우가 있다. 이럴 때는 그 과제에 대해서 서로 대화하면서 도움이나 협력이 필요한지를 판단한다. 협력이 필요한 경우라면 공동의 과제로서 해결해간다.

이처럼 생각하면 과제의 분리는 인간관계를 자르는 것이 아니라 인간관계를 만들어가는 역할을 하게 된다. 원래 개인의 과제는 자신의 책임으로 해결해야만 한다. 공동의 과제로 하는 경우는 서로 받아들이는 과정을 거쳐야 한다.

타인에게 과제 해결을 의뢰하는 것을 자립하지 못했다고 판단하는 경우도 있지만, 반드시 그런 것은 아니다. 제대로 자립한 사람은 타인과 좋은 관계를 구축하고, 서로 신뢰하는 관계를 갖고 있어서 타인에게 도움이나 협력을 요구할 수도 있고, 타인을 도와주고 협력하는 것도 가능하다.

이런 의미로 자립하지 못한 사람은 과제의 분리를 잘할 수 없는 사람이라고 할 수 있다. 우선 자신의 과제는 자신이 해결한다, 제멋대로 타인의 과제에 끼어들지 않는다, 자신의 과제가 아닌 것은 고민하지 않는다, 필요한 경우에는 공동의 과제로서 해결하고 협력한다는 원칙이 필요하다. 자립한 사람은 이를 적당하고 유연하게 대응할 수 있다.

자신의 책임이 없는 과제, 혹은 자신이 책임을 질 필요가 없는 과제를 일부러 떠맡을 필요는 없다. 만약 떠맡게 된다면 자신을 위한 것도 상대를 위한 것도 아니게 된다.

아들러의 교훈 77

있는 그대로의 자신을 용기 있게 인정하라

우리는 공동체 안에서 많은 사람과 함께 생활하고 있다. 따라서 타인이 자신을 어떻게 볼까, 어떻게 평가할까에 대해 늘 신경을 쓴다.

그런데 제대로 된 공동체 감각을 가지고 자신의 라이프스타일로 인생 과제에 몰두하는 사람, 즉 용기가 있는 사람은 타인의 평가를 신경 쓰지 않는다. 조금도 그것에 좌우되지 않는다.

물론 타인의 평가를 신경 쓰지 않으면 타인에게 미움받을 위험도 생긴다. 하지만 용기 있는 사람은 자신이 사회와 타인에게 공헌하고 있다는 감각이 있기 때문에 타인의 평가 하나하나에 신경을 쓰지 않는다. 즉 '미움받을 용기'를 가지고 있다.

한편 용기 없는 사람은 자신을 우선으로 생각하고, 타인의 것은 그다음이라고 생각한다. 그래서 자신이 타인에게 공헌하고 있는지 아닌지보다 자신이 타인에게 어떻게 보이는지를 신경 쓴다. 용기가 없는 사람은 미움받을 용기도 가지고 있지 않다.

타인의 평가에 좌지우지되면 안 된다. 타인에게 어떻게 보이는지를 생각하기보다 있는 그대로의 자신을 받아들이는 것이 시작이며, 그것이 스스로에게 용기를 부여하는 행동이다.

우리는 타인의 기대에 응하기 위해서 살아가는 것이 아니다. 있는 그대로의 자신으로도 괜찮다고 생각할 수 있다면, 타인의 평가를 매번 신경 쓰지 않을 수 있고, 타인과 비교하여 자신을 평가할 필요도 없게 된다. 있는 그대로의 자신이 좋아져야 인생의 행복을 느낄 수 있다.

하지만 이것은 그렇게 간단하지 않다. '지금의 내가 좋다.'라고 생각하지 못하는 사람이 많다. 이것 역시 사실이다. 그렇다면 어떻게 하면 좋을까?

철학자인 지두 크리슈나무르티는 말했다.

"못생겨도, 잘생겨도, 질투해도, 시샘해도 언제나 있는 그대로 존재한다는 것을 이해한다. 하지만 있는 그대로 존재한다는 것은 무척 힘든 일이다. 왜냐하면 있는 그대로의 자신은 비겁해서 고상하게 바뀌고 싶다고 생각하기 때문이다. 그러지 말고 실제의 있는 그대로를 이해한다면 변화가 있을 것이다."

있는 그대로의 자신을 받아들이는 것은 현상 그대로를 말하는 것으로 무엇도 바꿀 필요가 없다는 뜻은 아니다. 있는 그대로의 자신을 받아들여 불완전한 현재의 자신을 인정하면 자신의 소질을 찾을 수 있다.

있는 그대로의 자신을 받아들이는 사람은 자신이 타인에게 어떻게 보이는지 알고 있는 사람이다. 바로 자신의 불완전함을 인정하는 용기를 가지고 있는 사람인 것이다.

자신을 책망하는 한 그 사람은 영원히 행복해질 수 없다. 지금의 자신을 인정하는 용기를 가진 자만이 진정으로 강한 인간이 된다. 있는 그대로의 자신을 받아들이는 용기가 자신을 바꾸고 인생의 행복을 결정한다.

자신을 책망하는 한, 그 사람은 영원히 행복해질 수 없다. 지금의 자신을 인정하는 용기를 가진 자만이 진정으로 강한 인간이 된다.

에필로그

어떻게 하면 인생이 최고로 행복해질까?

이 책에서는 아들러의 교훈을 일곱 가지 키워드로 나누어서 분석하고 해설했다. 정리하자면 다음과 같다.

인간은 본래 '열등감'을 가진 존재다. 이 열등감을 보상하기 위해서 스스로 '목표'를 결정한다. 이 목표는 자신의 의사에 의한 '자기 결정성'으로 설정된다. 목표 달성을 하기 위해서는 자기 '라이프스타일'을 이용하는데, 이 라이프스타일과 공동체의 가치가 일치해야 목표 달성의 성과를 거둘 수 있다.

인생에는 일, 교우, 사랑이라는 세 가지 중요 과제인 '인생 과제'가 있고, 각각의 과제는 '공동체 감각'을 갖고 몰두해야 한다. 이 과정에서 '용기 부여'는 과제를 해결하려는 의욕을 높이고, 부적절한 라이프스타일을 수정하여 과제를 달성하는 데 공헌한다.

특히 세 가지 인생 과제를 한 가지씩 달성하면서 자신을 성장시키는데, 새로운 무대에 서게 되면서 새로운 열등감이 생겨나고 이것을 해결하며 살아간다. 마지막에는 '행복'이라는 최종 목표를 향한 계단을 올라간다.

2015년 노벨 생리의학상은 오무라 사토시 특별 명예 교수가 받았다. 그가 미생물에서 유래한 유기 화합물에 있는 아버멕틴을 발견한 공로를 인정한 것이다. 이 화합물은 아프리카나 중남미 등에서 많은 사람을 괴롭혔던 기생충에 의한 전염병 약으로 효과가 탁월하다.

수상 발표 직후의 기자 회견에서 오무라 씨는 인상 깊은 발언을 했다.

"사람을 위해서 조금이라도 무언가 도움이 될 만한 것은 없는지, 미생물의 힘을 빌려서 될 수 있지 않을까? 그것을 끊임없이 생각했습니다."

"어떤 것이 세상 사람을 위한 것일까? 갈림길에 섰을 때는 언제나 그것을 기준으로 삼았습니다."

이 말에서 오무라 씨의 공동체 감각을 볼 수 있다.

앞에서 소개한 '인간은 필요한 존재가 되고 싶어 한다', '더 큰 집단의 이익을 생각하라' 등의 아들러 교훈이 오무라 씨의 말에 그대로 나타나 있다.

오무라 씨의 생활 방식은 이 책의 마지막에 소개한 '인생을 행복하게 살아가기 위한 두 가지 조건'에 만족하는 것이다. 따라서 오무라 씨의 인생은 고민이나 불안도 많았겠지만 행복했을 것이다. 그것이 80세에 노벨상이라는 최고의 영예로 실현되었다고 생각한다.

아들러의 교훈은 인생을 행복하게 살아가는 지침을 전해주고 있어 자기 계발의 교훈으로서도 커다란 영향력을 가지고 있다. 이는 마음의 병을 가진 사람뿐만 아니라 평범한 사람이 가진 고민이나 불안을 어떻게 받아들이면 좋은지에 대한 해법을 제공한다. 이것이 아들러의 심리학이 현대를 살아가는 많은 사람으로부터 관심과 지지를 받은 이유이다.

부디 독자들이 아들러의 교훈을 이해하고, '어떻게 하면 자신의 인생을 최고로 행복하게 살아갈 수 있을까?'에 대해서 스스로 해답을 찾고, 그 힘으로 자신의 인생을 갈고 닦아 행복하게 살아갈 수 있기를 바란다.

아들러가 전하는
행복을 위한 **77가지** 교훈

초판 1쇄 인쇄 2016년 10월 27일
초판 1쇄 발행 2016년 11월 3일

지은이 나가에 세이지
옮긴이 한진아

발행인 장상진
발행처 (주)경향비피
등록번호 제2012-000228호
등록일자 2012년 7월 2일

주소 서울시 영등포구 양평동 2가 37-1번지 동아프라임밸리 507-508호
전화 1644-5613 | **팩스** 02) 304-5613

ISBN 978-89-6952-133-0 03320

· 값은 표지에 있습니다.
· 파본은 구입하신 서점에서 바꿔드립니다.